우리 집의
세계화

Essais sur la mondialisation de notre demeure
In-Suk Cha

Copyright ⓒ 2013 by Éditions L'Harmattan
Korean Translation Copyright ⓒ 2015 by Moonji Publishing Co., Ltd.

글로벌 시대,
공존하는 삶을 위한
철학적 제언

우리 집의
세계화

Essais sur la
mondialisation
de notre demeure

차인석 지음 · 진형준 옮김

문학과지성사
2015

우리 집의 세계화

글로벌 시대, 공존하는 삶을 위한 철학적 제언

제1판 제1쇄   2015년 9월 11일

지은이   차인석
옮긴이   진형준
펴낸이   주일우
펴낸곳   ㈜**문학과지성사**
등록번호   제1993-000098호
주소   121-894 서울 마포구 잔다리로7길 18(서교동 377-20)
전화   02) 338-7224
팩스   02) 323-4180(편집)   02) 338-7221(영업)
전자우편   moonji@moonji.com
홈페이지   www.moonji.com

ISBN 978-89-320-2774-6

이 도서의 국립중앙도서관 출판예정도서목록(CIP)은 서지정보유통지원시스템 홈페이지(http://seoji.nl.go.kr)와 국가자료공동목록시스템(http://www.nl.go.kr/kolisnet)에서 이용하실 수 있습니다.(CIP제어번호: CIP2015023327)

유네스코에 공고한 철학적 토대를 마련해준
위대한 사상가들의 지혜를 기리며

머리말

다문화 세계에서 글로벌 윤리가 어떤 것인가를 구상해보는 것이 금세기 초부터 나의 학문적 목표 중 하나였다. 내가 이런 목표를 갖게 된 것은, '세계에서의 철학과 민주주의'라는 틀 안에서 '인권' 개념 정립을 위한 유네스코의 철학 프로그램에 참여하게 되면서였다. 내가 이 프로그램에 열의를 갖고 참여하게 된 것은 다문화주의의 신성불가침성을 기반으로 권위주의 정치 체제를 유지하고 있는 몇몇 동아시아 개발도상국에서 현재 벌어지고 있는 정치 현실에 깊은 관심이 있었기 때문이다. 결국 나는 '집의 세계화'라는 개념을 생각해냈고, 문화적 다양성을 초월할 수 있는 윤리는 반드시 이 개념 위에 세워져야 한다고 생각하기에 이르렀다. 이 기회를 빌려 내게 기꺼이 협력을 아끼지 않은 로제-폴 드루아Roger-Pol Droit, 피에르 사네Pierre Sané, 무피다 구샤Moufida Goucha 씨에게 감사의 말을 전하고 싶다.

언어학자이자 교육학자인 바버라 J. 머피Barbara J. Murphy의 낙후된 소수민족에 대한 탄탄한 업적들이 내 연구에 아주 귀중한 영감의 원천이 되었다. 마찬가지로 자신의 문학에 대한 연구를, 지구상에서 현재 진행 중인 경제적 지구화globalisation économique가 초래한 어두운 면과 연결시킨 그레이스 루소 불라로Grace Russo Bullaro 교수의 연구들도 나의 시야를 크게 넓혀주었다. 또한 프라이부르크 대학 학생 시절부터 나의 멘토였던 오이겐 핑크Eugen Fink 교수가 1950년대 유네스코의 정치교육 프로그램에 적극적으로 참여했었다는 것을 알고 정말 기뻤는데, 그분의 성찰을 통해 인간존재의 공존 양상에 대해 많은 것을 배울 수 있었기 때문이다. 즉 사랑, 증오, 노동, 놀이, 죽음을 토대로 평화와 갈등, 창조와 파괴, 실재와 가상 등의 여러 다양한 우리의 상호주관적inter-subjectif ——개인적이건 집단적이건—— 공동생활의 범주화가 이루어지는 것이며, 그러한 범주화를 통해 우리는 사회 및 자연 세계와 소통하게 된다는 것을 알게 되었다. 이러한 범주들을 통해 우리는 낯선 문화들을 받아들이고 흡수하면서 그것들을 친숙한 요소들로 변화시킨다. 그것이 바로 이 책의 제목인 '우리 집의 세계화'의 의미이다. 민주주의라는 개념이 지구 상의 대다수 사람에게 점점 더 많이 받아들여지고 있는 것이 현실이다. 그리고 이러한 현상은 원거리 통신기술이 발전함에 따라, 또한 자본과 재화와 기술과 노동력이 국경을 넘어 손 쉽게 순환할 수 있게 되면서 점점 가속화되고 있다. 이전에는 낯설게 여겨졌던 것들이 오늘날에는 어느 누구에게나 집안-세계home-world의 일부분이 된 것이다.

지금으로부터 10여 년 전 내가 세계화 문제에 대한 생각을 전개하기 시작했을 때, 영어로 쓴 몇몇 짧은 논문이 프랑수아 드 베르나르François de Bernard와 프란츠 벨츠Franz Welz의 인터넷 사이트에 각각 실리게 되었다. 이어서 이 주제에 대한 나의 몇몇 논문이 P.U.F에서 간행하고 있는 『디오게네스 *Diogène*』지에 프랑스어로 번역, 소개되었다. 그 학술지의 편집자인 나탈리 페랑-라르망자Nathalie Ferrand-Larmanjat 여사에게 깊은 감사를 드리지 않을 수 없다.

2012년 2월, 나의 논문집 『지구화 시대에서 집의 세계화 *The Mundialization of Home in the Age of Globalization: Towards a Transcultural Ethics*』가 독일 LIT 출판사에서 출간되었다. 국제철학연구원의 한스 렌크Hans Lenk 교수가 책임을 맡고 있는 '국제적 맥락에서의 철학' 총서의 하나였다. 그러자 나는 프랑스어권 독자들도 읽을 수 있는 책을 한 권 내고 싶다는 생각이 들었다. '우리 집의 세계화'라는 생각은 유네스코에서 탄생한 것이고, 유네스코가 바로 파리 퐁트누아에 자리 잡고 있으니 나로서는 아주 자연스러운 욕심인 셈이었다.

드니 트리에르베일레Denis Trierweiler, 티에리 루아젤Thierry Loisel, 그리고 특히 잔 델베레-가랑Jeanne Delbaerer-Garant 교수가 여기 모아놓은 텍스트의 대부분을 협력해 번역해주었다. 귀중한 시간을 내준 데 대해 진심으로 감사한다.

루카 스카란티노Luca Scarantino 교수와 카트린 샹프니에Catherine Champniers가 니콜 G. 알베르Nicole G. Albert와 클로디 랑베르Claudie Lambert의 도움을 받아 이 책의 편집을 맡아주었는데, 그들이 이 일에 기꺼이 보여준 열정에 깊이 감사드린다. 또한 파트리스 베르메랑Patrice Vermeren 교수에게 내 원고를 소개해준 베르나르 부르주아Bernard Bourgeois 교수에게도 감사를 표한다. 내 원고를 읽고 기꺼이 추천사를 써주었을 뿐 아니라 이 책을 자신이 주도하고 있는 '공동 철학' 총서의 하나로 받아들여준 베르메랑 교수에게 깊이 감사하고 있음은 두말할 필요가 없다. 마지막으로 이 책을 출간해준 아르마탕L'Harmattan 출판사에도 감사를 드린다.

차례

서문

차인석의 근대화를 위한 철학적 투쟁

–

파트리스 베르메랑

곧장 말해버리는 것이 낫겠다. 차인석 교수의 아름다운 책을 읽다 보니 그가 한국의 젊은 철학도로 독일 프라이부르크 대학에서 오이겐 핑크 교수의 지도 아래 학위를 마쳤다는 것, 핑크 교수는 후설Edmund Husserl의 개인 조교이자 가장 가까운 제자였다는 사실을 잊을 수 없다. 핑크는 하이데거Martin Heidegger의 제자이기도 했는데 그의 **세계-내-존재** 개념은 하이데거에게서 유래한 것이다. 핑크는 하이데거와 함께 1966년부터 1967년까지 헤라클레이토스에 대한 세미나를 열었다. 그는 현상학적 환원을, 한 주체가 세계의 주체로서 자기를 발견하는 '총체적인 태도의 전환'으로 생각한다. 후설의 후기 글들에서 나타나는 **생활 세계**와 하이데거의 **세계-내-존재**와 어깨를 나란히 하는 **우주론적인** 문제로서, 인간 실존은 존재의 관점에서 검토해야 할 대상이 아니라 세계와의 관계라는 관점에서 검토해야 할 대상이라는 것. 이런 우주론적인 사유에서 (니체가 표방했듯이) 놀이는 노동과 사랑과 싸움과 죽음 등 인간의 근본적인 현상들 너머, 인간과 세상을 맺어주는 관계의 상징이 된다. 차인석은 인간성 내의 갈등 성향을 정의하기 위해 핑크가 세운 패러다임에서 출발한다. 핑크에 따르면 "우리는 사랑과 증오와 죽음과 노동과 놀이를 통한 수많은 공존 양식이 존재하는 세상에 태어난다." 차인석은 "그에 따르면 사회와 문명 들이 이러한 공존을 습득하고 실천하면서 발전해온 것은 바로 대립으로 나타나는 그 공존 양상 자체를 통해서이다"라고 덧붙인다.

핑크는, 인간은 주체Sujet도 아니고 현존재Dasein도 아니며 이 세계를 건립하는 것으로 규정될 수 있다는 자신만의 우주론적인 인간학을 세워 후설이나 하이데거와 거리를 두었다. 그처럼 차인석은 우리에게 상호주관적인(개인적이건 집단적이건) 타협을 하도록 명하는 여러 쌍의 범주, 즉 평화/전쟁, 창조/파괴, 실재/가상 등이 어떻게 낯선 문화들을 받아들여 그것들을 내밀하고 친근한 세계, 즉 우리 **집**으로 변화시키는 원인이 되는가를 보여줌으로써 핑크를 넘어선다. 그것이 바로 차인석이 **우리 집의 세계화 과정**이라고 명명한 것이다. 지구화globalisation라는 용어에는 순환——여행, 교환, 소통, 특히 시장에서의 소통들——의 뜻만 부여하면서 차인석은 세계화 mondialisation라는 개념을 세운다. 그에게 세계화란 다른 세계에 속한 가치, 규범, 관습, 사유, 언어 들이 차이점을 지닌 채 우리의 생활 세계와 만나 우리 고유의 환경으로 **변화하는** 것을 말한다.

　생활 세계의 세계화라는 개념을 고려해 그에게 유토피아주의자라는 딱지를 붙일 수도 있을 것이다. 그는 우선은 그것을 받아들인다. 틀림없이 프랑크푸르트학파의 글들, 특히 마르쿠제Herbert Marcuse와 만하임Karl Mannheim, 리쾨르Paul Ricœur의 글들을 읽었기 때문일 것이다. 차인석에게 유토피아란 인간성과 불가분의 동체이다. 그는 이 책 63쪽에서 "인류에게는 유토피아를 향한 설계도를 공들여 만들려는 고유의 특성이 있다"라고 쓴다. 미겔 아벤수르Miguel Abensour는 유토피아적 전향에 대해 말하면서 유토피아를 "개인이나 집단이 실존의 질서로부터 등을 돌리고 새로운 질서로 향하는 것, 실존의 질서에 싫증이 나서 다가올 다른 공동체를 새롭게 탐사하는 것, 새로운 형태의 인간관계를 탐사하는 것"이라고 썼다. 차인석은 족쇄 풀린 시장경제의 다원주의——19세기 앵글로-유러피언 사회에 뿌리를 두고 있는——를 비롯해, 근대성을 위험하기 짝이 없다고 해석하고는 권력을 행사하는 신자유주의, 그것의 이름도 얼굴도 없는 금권정치도 비판하고, 현재 지구상에서 민주주의라는 얼굴을 하고 있는 대부분의 정치를 비판한다. 그는 특히 동아시아 국가의 정치를 "민주주의와 권위주의의 모순적인 결합"이라고 비판한다. 그는 아마르티아 센 Amartya Sen의 글에 근거해 경제 발전이란, 봉건적 가치 체계에 민주주의와 자유라는 옷을 입힌 채, 공허한 문화상대주의를 전면에 내세우는 과두정치를 통해서는 이루어질 수 없다고 지적한다. 차인석은 마르쿠제의 **일차원적 인간**을 현재로 재소환해, 지성을 마비시키며 타인과 환경에 무감각해지게 만들고 삶 자체에 대한 무감각한 무지 상태에 이르게 만드는 소비지상주의의 폐해를 고발한다. 차인석의 유토피아적 비판의 범위는, 그가 거부하는 기존의 세계들을 보면 드러난다. 가령 민주주의의 이상이 태동한 곳이면서 그것이 아직 논쟁 중인 지역, 즉 신자유주의 체제하의 서구 지역에서부터 개발도상에 있는 동아시아 몇몇 국가 중에서 다문화주의라는 신성불가침한 가치를 전면에 내세운 채 권위주의 정치 체제를 유지하고 있는 지역에 이르기까지, 그의 유토피아적 비판의 눈길은 지구 전역을 향하고 있다. 그는 민주주의라는 실현 가능한 또 다른 세계의 이름으로 그 모든 것을 거부한다.

차인석에게 민주주의란 무엇일까? 그는 개혁자유주의라는 이름으로, 존 듀이John Dewey가 권장한 삶의 결합 상像의 모습으로 민주주의를 근본적으로 개혁할 것을, 자유 속에 사는 공동체의 삶을 제도화할 것을, 개인 능력의 발전을 사회정의와 만인의 평등이라는 조건하에 존중할 것을 제안한다. 그는 존 듀이의 『도덕적 삶의 이론*Theory of the Moral Life*』을 인용한다. "자아는 연관과 상호 관계로부터 분리되어 독립적으로 존재할 수 있는 것이 아니다." 개인은 공동체와의 상호작용을 통해서 형성된다. 듀이는 참여민주주의적 환경에 의해 고무된 시민사회, 즉 **위대한 공동체**를 상상했다. '우리 집의 세계화'의 철학자가 미래의 민주주의 패러다임으로 존 듀이의 위대한 공동체를 선택한 것에 대해 내가 이러쿵저러쿵할 수는 없다. 하지만 이 철학적 저술이, 또한 민주주의의 근본이념——개인의 자유와 인권 존중, 평등과 사회정의——에 대한 차인석의 비전이 '인류를 위한 양보 없는 전투'를 정당화시켜주고 있다는 사실은 분명하다. 철학사를 살펴보면 그런 관심이 인간 종족이라는 개념(플라톤, 아리스토텔레스)으로부터 인간 본성의 개념(루소, 칸트)으로, 이어서 인간 조건의 개념(몽테뉴, 사르트르, 하이데거)으로 순차적으로 옮아왔음을 알 수 있다. 마지막의 경우 인간성이란 개개인이 인간으로 실존하는 것을 의미하게 되며(하이데거가 말한 인간 실재의 **나의 것임**), 인간은 무엇보다 주체적인 삶을 살아내는 하나의 투기投企가 된다(사르트르). 그러한 인간성 개념은 필연적으로 윤리성을 상정하게 되어 있다. 인간 조건으로서의 인간성이란 자기가 무엇이 될 것인가를 스스로 선택할 수밖에 없게 만들기 때문이다. 그 결정에는 순전히 개인의 의지만 들어 있는 것이 아니라, 로랑 제르비에Laurent Gerbier가 잘 보여주었듯이 인류 전체가 참여하고 있다. 어쨌든 차인석은 인간 조건에 대해 정의하면서 지구화의 도전에 직면해 있는 지식인들에게, 각자 자신의 특수한 임무를 인정할 것을 요구한다. 바로 **공민**公民으로서 적 극적인 행동의 임무.

이러한 점에서 우리는 차인석 교수가 철학 기구, 즉 유네스코에 왜 그토록 큰 중요성을 부여하고 있는지를 이해할 수 있다. 나는 그곳에서 그를 처음 만났다. 그때 나는 국립학술연구센터CNRS의 철학자이자 연구자로서 로제-폴 드루아의 '세계에서의 철학과 민주주의'라는 프로그램에서 협력해 일했으며, 당시 사무총장이었던 페데리코 마요르Federico Mayor가 사명감을 가지고 추진했던 '철학부'의 재활성화에 전념하고 있었다. 차인석 교수는 전대미문의 철학 네트워크를 조직했는데, 그것이 바로 아펜드Append(민주주의를 위한 아시아-태평양 철학교육 네트워크)이다. 아펜드는 동남아시아에서 수차례 회합을 가졌다. 1996년 서울에서 '아시아에서의 철학과 민주주의'라는 주제로, 1998년 방콕에서 '새천년을 위한 철학교육'이라는 주제로, 2000년 도쿄와 2002년 시드니에서 '과학과 가치들'이라는 주제로 회합을 가진 것이다. 그는 필리프 캠Philip Cam, 마크 탐타이Mark Tamthai와 함께 아펜드 철학 총서를 여러 권 발행했다. 한편으로 서울에서는 『후마니타스 아시아티카, 국제철학저널Humanitas Asiatica, An International Journal of Philosophy』을 창간하기도 했다. 나는 이 제목을 정하는 자리에 함께 있었다. 철학과 실천이라는 주제하에 생산적인 논쟁이 아주 긴 시간 이어졌는데 그 과정은 창간호에 수록되어 있다.[1] 페데리코 마요르는 차인석 교수를 위해 서울에 유네스코 철학 석좌교수 자리를 마련했는데, 이는 칠레의 산티아고와 파리, 카라카스에 뒤이은 것이었다. 석좌교수 자리가 맡은 주제는 **민주주의를 위한 철학교육**이었다.[2] 또한 그 당시 차인석은 CIPSH(국제철학인문학협의회) 위원장과 『디오게네스』지의 편집위원 일을 맡고 있었다. 칸트와 헤겔, 핑크와 마르쿠제 등 지금까지 그가 읽었던 책들을 통해서, 그리고 근대성을 위한 철학적 전투 속에서 그를 사로잡고 있던 주된 질문은, 함께 사는 세계의 가능성에 대한 것이라고 할 수 있다. 달리 말한다면 그것은 **우리 집의 세계화** 시대에 동참할 수 있는

---

1 *Humanitas Asiatica*, Asia-Pacific Institute of philosophy, Seoul, Vol. 1, no. 1(December 2000).

2 Patrice Vermeren, *La philosophie saisie par l'UNESCO*, Paris: Éditions UNESCO, 2003, p. 143.

가, 민주정치의 공존 양식에 동참할 수 있는가, 평화에 대한 유토피아적이면서 절제력 있는 전망을 함께할 수 있는가, 그 평화의 바탕을 이루는 인류의 지적이고 도덕적인 연대에 함께할 수 있는가라는 질문이다. 그가 이 책을 "유네스코에 공고한 철학적 토대를 마련해준 위대한 사상가들의 지혜를 기리며" 그들에게 바친 것은 당연한 일이다. 그가 바로 그들의 상속자라고 할 만하기 때문이다. 하지만 그는—시인 르네 샤르René char식으로 말한다면—유언 없는 상속자이다.

지구화 시대,
그리고
생활 세계의 세계화

오늘날 지구촌 전역에서 보다 많은 정의와 평등을 요구하는 소리들, 좀더 확실하게 개인의 자유와 인권을 존중할 것을 주장하는 소리들이 울려 퍼지고 있다. 물론 그것은 지구촌에 정의가 찾아온 것을 축하하는 감사의 소리들이 아니라 그에 대한 요구와 구호의 소리들로 이루어져 있다는 것이 유감스럽다. 하지만 억압받고 있는 사람들의 목소리가 점점 더 커지고 거기에 귀를 기울이는 사람들도 많아지고 있다는 사실만큼은 고무적이라고 할 수 있다. 이제 우리는 그 어떤 문화적 맥락에서든, 그 어떤 생활 세계monde de la vie에서든 민주주의와 인권에 대한 원칙들을 고양시키는 일이 가능함을 알고 있다. 이와 같이 역사상 유례없는 상황에서 중요한 것은 이러한 이념들이 지닌 역동적인 힘을 더 잘 이해하는 일이다. 세계 모든 시민의 생활 세계에서 그것들이 만개하는 데 도움이 될 것이기 때문이다.

생활 세계는 우리의 일상 환경을 이루고 있는 모든 것을 포함한다. 우리가 태어나서 문화적 지식과 행동을 습득하는 곳이 바로 생활 세계이다. 그리하여 우리는 공동체의 다른 구성원들과 상호주관적인 공동생활을 할 수 있게 된다. 그곳에는 우리에게 친밀하고 가까운 나머지 지극히 당연하고 자연스럽다고, 심지어 불가피하다고 여겨지는 그런 사물들과 환경이 자리 잡고 있다. 이러한 생활 세계는 사회적이며 동시에 공동체적이기도 하다. 그곳에서 우리는 집 안에 있는 듯이 편안함을 느끼기에 그곳을 "가정 세계"라고 부를 수도 있을 것이다.

외부 세계 탐사를 위해 자신을 둘러싼 세계 밖으로 나가자마자 우리는 또 다른 지평선과 마주하게 된다. 한 가정에서 태어나 곧 그로부터 멀어지는 것은 거의 모든 개인이 지닌 숙명이다. 우선은 주변을 탐사하고 점점 더 멀리 나가 모험을 겪은 뒤 다시 가정으로 돌아오는 것이 우리의 삶이기 때문이다. 우리는 이따금 완전히 미지의 세계로 여행을 시도하기도 한다. 우리의 세계와 낯선 세계 사이를 거듭 왕래하면서 낯선 세계를 점점 더 친근하고 내밀하게 만들며, 결국에는 낯선 세계를 제 것으로 삼는 데까지 이르게 된다. 그렇게 해서 우리의 세계를 이루는 경계선은 점점 더 넓어진다. 여행과 교역의 증가에 따른 지구화와 소통기술 및 소통수단의 발전에 힘입어 우리의 인식이 풍요로워지면, 친근한 세계의 경계선은 점점 더 확장되며, 애초에는 미지의 것이거나 낯설던 것이 친근하고 내밀한 무언가로 변화됨으로써 우리의 세계는 더 풍요로워진다. 생활 세계의 세계화란 바로 이러한 과정을 말한다. 지구화라는 용어가 지구상의 한 지점에서 다른 지점으로의 움직임이 증가한 것을 의미한다면, 세계화라는 용어는 우리와는 다른 세계의 가치, 규범, 사상을 흡수함으로써 이 지상의 세계에 대해 보다 넓은 시야를 갖게 되는 것을 말한다. 말하자면 곧 상이성을 관용하게 된다는 것이다. 세계화란 필경이 세계에 대한 편협한 시각에서 벗어나 이질적인 것들을 받아들이는 모습으로 나타나야 한다. 완전히 다른 문화적 지평에서 온 사람들과 접촉하고 공감하게 해주는 상호 이해의 단초는 바로 거기에 있다.

그렇다면 우리에게는 어떤 본성이 있기에 낯설고 친숙하지 않은 문화들을 우리의 생활 세계에 흡수하고 통합할 수 있는 것일까? 대답은 매우 간단하다. 개개인 모두는 어떤 문화적 스키마[1]도—그것이 자신과 아무리 멀리 떨어져 있는 것일지라도—받아들일 수 있는 직관적 이해력compréhension intuitive을 지니고 있는 것이다. 개개인은 다른 사람들과 접촉하면서 그러한 능력을 얻게 된다. 개인은 사회적 동물로서 태어나자마자 타인들과 함께 다섯 가지 공존 양상을 경험하게 된다. 그것은 바로 사랑, 증오, 노동, 놀이, 그리고 죽음이다. 이여러 양상과 관련해 맺어지는 상호작용의 관계들이 세상에 대한 해석의 방향을 결정하게 되는데, 그것이 바로 우리의 인격, 우리의 사회환경과 자연환경의 본질에 대한 이해의 바탕을 이룬다. 그러한 경험을 토대로 우리는 존재의 본질, 사회의 본질, 자연의 본질을 이해할 수 있게 되는 것이다. 그리하여 아주 낯설어 보이는 모습일지라도 마치 우리 모두에게는 그 외관 너머의 본질을 알아차릴 능력이 있는 듯하다. 그러한 존재의 양상들이 인간의 창의성을 보여주는 다양한 표현 형태를 낳기도 하지만, 그러한 양상들 자체는 인간의 창조물이 아니다. 그것들은 우리 각각에게 선재先在해 있으며, 우리 삶의 틀과 실체를 이루고 있다.

사랑은 우리에게 타인과 하나라는 감정을 부여한다. 반면에 증오는 파괴와 분열이 의미하는 것, 바로 그것에 우리를 물들게 한다. 우리는 환경 한가운데서 살아남기를 모색하면

---

1 (옮긴이) schème, Schemata: 칸트가 처음 사용한 용어로 새로운 경험이 내면화되고 이해되는 정신의 모델 또는 틀을 의미한다. 우리말로 도식, 도표, 표상 등으로 번역이 되는데, 그중 무엇을 택하더라도 그 용어가 지닌 역동적이고 포괄적인 의미를 전달하기 어려워 이하에서는 모두 스키마로 옮겼다.

서 지구 자체를 변화시키고 통제하고 개조시킬 수 있다는 것을 의식하게 된다. 하지만 동시에 지구는 우리에게 한계와 법칙을 부과한다. 노동이 우리의 생존 능력을 보여주는 것이라면 놀이는 인간의 또 다른 상상력의 차원으로서 그 의미가 있다. 놀이는 단순한 현실을 재료 삼아 가상의 세계를 창조할 수 있게 해주는 것이다. 놀이 덕분에 우리는 상상 세계로 도피할 수 있고, 노래와 춤을 통해 연대감을 느끼면서 일상이라는 무거운 짐을 잊을 수 있다. 부모가 부드럽게 껴안아주는 것만으로도 어린아이는 마음이 진정되고 안심을 한다. 하지만 그 나이에는 형제자매 및 주변 사람들과 접촉하면서 갈등 상황이나 질투의 고통을 경험하는 때이기도 하다. 또한 사람들은 성장하면서 언젠가 죽을 수밖에 없는 운명이라는 것을 알게 된다. 우리가 불멸의 존재가 아니라는 사실을 받아들이기 어렵다는 것, 그 또한 우리의 본능에 속한다. 우리는 그 모든 것을 경험을 통해 배우게 된다.

증오는 아주 널리 퍼져 있어서 많은 사람이 인간에게서 그것을 없애는 것은 불가능하다고 염려한다. 증오는 순전히 정신적인 것으로 감각으로써 지각할 수는 없다. 하지만 증오가 아주 강력한 파괴력을 가지고 있다는 것은 명백한 사실이다. 그것은 모든 분쟁의 원인이며 승자와 패자 사이에 파인 골의 원인이다. 증오는 승자와 패자 간에 지배자와 피지배자라는 유독有毒한 관계를 강요하며 때로는 그 관계가 수 세대에 걸쳐 이어지기도 한다. 우리들에게 우월감과 열등감을 주입하게 되면, 증오심이 무한히 솟아나 우리들을 갈라놓는 요인이 된다. 불관용은 열등하다고 판단되는 것을 문명의 이름으로 파괴하려고 들며, 인간의 역사에서 오늘날까지 그러한 예는 무수히 많다. 모든 종교는 사람들 간에 평화를 가져다주는 것을 목적으로 한다고 우리는 알고 있다. 그러나 전쟁의 깃발을 휘날려보지 않은 종교는 거의 없다. 다양한 문화가 존재한다는 것은 인간이 얼마나 우수한가를 보여주는 확실하고 깊은 증거이다. 하지만 그것이 인종 간 갈등으로 비화되는 것을 막지는 못한다. 사람들은 언제나 자신을 찬양하고 남을 비방하는 나쁜 버릇에 쉽게 빠진다. 하지만 어느 사회에서든지 선입관으로 인해 희생된 사람들을 향해 주의 깊게 귀를 열어놓은 사람들이 있다. 그들은 일체감과 평화만이 그들을, 그리고 우리 모두를 온전히 존재할 수 있게 해주고, 창조적 상상력을 통해 한껏 열린 진보의 길을 실현할 수 있게 해주리라는 것을 마음속 깊이 느끼고 있다.

우리는 일체감과 (부정적이고 충동적인) 파괴라는 대립을 극복함으로써 평화와 조화를 이루면서 함께 살아가야 함을 깨닫게 되며, 마찬가지로 노동과 놀이를 통해 창조적 상상력을 자유롭게 표현할 수 있게 된다. 즉 인간의 다섯 가지 공존 양상을 통해 배우는 의미들 덕분에 개인과 공동체 집단의 실천적 사고방식이 발달하며 성장한다는 것이다. 또한 세계화 과정에 스며들어 있는 이러한 의미들이 우리와는 다른 문화들을 이해할 수 있는 기반을 마련하기도 한다.

죽음은 인간이란 무엇인가를 규정한다. 나는 언젠가 사라지리라는 것을 확실히 알고 있다. 나는 이미 사랑하는 사람들을 잃었으며, 그들이 결코 되돌아오지 못하리라는 사실을 잘 알고 있다. 내가 사라지리라는 확신을 심어주는 것은 다른 사람의 죽음을 목도하면서이다. 나라는 존재 어디에나 임박해 있는 이 소멸의 위협과 마주해서, 나는 살아 있다는 확신을 갖기 위해 몸부림친다. 하지만 죽음에 대한 의식은 모든 인간존재의 운명이며, 그러한 주제는 모든 신화, 모든 종교에 반복적으로 나타난다. 죽음에 대한 의식은 영원과 무無를 명확히 구분하게 해준다. 그렇다면 철학적 사유의 역동성은 우리가 죽을 수밖에 없다는 확실성에서 오는 것이 아닐까? 마찬가지로 우리의 도덕적 요구는 죽음 이후에 무엇이 우리를 기다리고 있는지 모른다는 불안에 그 뿌리를 내리고 있는 것이 아닐까? 바로 그 때문에 우리는 영원한 삶을 갈망하고, 증오도, 대립도, 대결도, 파괴도 없는 곳, 우리 모두가 영원한 평화 속에 살며 우리가 지닌 최선의 것을 아무런 장애물 없이 실현할 수 있는 그런 곳을 꿈꾸는 것이다.

노동은 그 임무가 구분되어 있다는 점이 증명하듯이 언제나 공동체적이다. 그 산물은 필경 다른 사람들과 공유하고 교환하게 되어 있으므로 누구든 혼자서 일할 수는 없다. 노동의 분업은 공존의 강력 모터이다. 노동의 산물에 대한 전망은 언제나 개인에게 집단적 연대감을 심어주게끔 되어 있다. 임무의 구분은 공유, 즉 공동체적인 삶에 대한 참여를 시사한다. 거의 모든 인간사회는 예로부터 생존을 위한 보다 나은 협력 방법에 대해 성찰해왔다. 이러한 협력의 길은 수많은 피비린내 나는 에피소드들을 만들어오기도 했으며 지금도 그러하다. 하지만 인종학살이라는 현실이 그 단어가 존재하기 이전부터 존재해온 것이 사실이라 할지라도, 그것을 인종학살이라고 명명했다는 사실은 그것을 끝내기 위한 협상이 시작되었음을 의미한다.

오늘날 인간의 생존에 필수불가결한 조건으로 민주주의적 사고—개인의 자유와 인권 존중, 평등과 사회정의—의 함양을 주장하는 사람들에게 귀를 기울일 때마다, 우리는 그 주장들 속에 우리의 생활 세계를 구조화하고 있는 사회생활에서 경험하는 다섯 가지 공존 양상—사랑, 증오, 노동, 놀이, 죽음—이 복잡하게 얽히고설켜 여러 다양한 갈래로 표출되고 있음을 재확인할 수 있다. 그렇지만 민주주의 이념들이 오늘날의 시대적 요청에 가장 부합하는 것이라고 할지라도, 그것들이 세계 전역에서 받아들여지고 실행되고 있는지는 여전히 의문이며, 그러한 이상들이 태동된 지역에서까지 도전을 받는 일이 벌어지기도 한다. 그럼에도 불구하고 민주주의적 가치들이 여러 다양한 나라에서 문화 차이를 넘어——통문화적transculturel으로——점점 널리 받아들여지고 있는 것도 사실이다. 그러니 철학자와 지식인의 임무란 이런 민주주의 이념들이 통문화적으로 드높아지는 것을 반가운 마음으로 축하하는 일, 그러한 과정을 가속화하기 위해 모든 노력을 기울이는 일뿐이다. 이러한 이상들이 애초에는 아주 오래전에 살았던 철학자나 사상가 들을 중심으로 만들어지고 다듬어져왔다는 것, 하지만 지금도 그리고 앞으로도 그 가치들을 진작시킬 수 있는 최선의 방법은 무엇인가를 찾기 위해 계속 연구해야만 한다는 것을 잠깐 지적하겠다.

현재 우리는 교육과 자연과학과 인문과학의 대화 및 교류를 통해 이러한 이상을 세계적 차원에서 진작시키겠다는 계획을 수립하고 가다듬을 수 있었다. 그것은 민주주의 이념들이 무엇이고, 그것이 세계적으로 어디까지 영향을 미칠 수 있으며, 얼마나 필요한지에 대한 깊은 성찰들, 또한 그러한 가치들이 주어진 문화 환경에 따라 어떤 속성을 지니고 다양하게 나타나는지에 대한 섬세한 성찰들이 미리 행해진 덕분이다. 50여 년간 유네스코의 철학 연구와 교육 프로그램은 민주주의적 이상들을 널리 확산시키기 위해 공고한 이론적 토대를 마련할 수 있는 최선의 방법을 끊임없이 모색해왔으며, 전 세계 지식인들과 시민의 권리를 옹호하는 운동단체들이 국제적으로 대단히 큰 호응을 해주었다. 바로 그 때문에 우리는 유네스코 정신의 바탕을 이루는 이러한 기본 유산의 가치를 다시 확실하게 표명해야 하고, 더욱 강조해야 하는 것이다. 실제로 유네스코는 튼튼한 NGO이자 시민사회를 대표하는 단체로 출범했다. 그렇게 시작된 유네스코가 애초에 귀를 기울인 것은 민주주의를 요구하는 목소리들이었으니, 유네스코 설립자들은 모든 사람의 마음과 정신 속에 평화 수호의 가치를 우뚝 세우기 위해서는 긍정적인 의미에서의 세계화가 지닌 어마어마한 잠재력이 얼마나 필요한지를 애초부터 잘 알고 있었던 셈이다.

다문화 세계에서의
통문화적 윤리

평화를 염원하는 인간의 본성

인류의 역사는 갈등과 적대감으로 점철되어 있는 듯이 보인다.[1] **"만인 대 만인의 투쟁**bellum omnium contra omnes**"**으로 인간성을 단순하게 규정한 홉스Thomas Hobbes의 저 유명한 정의는 그 어느 때보다 진실인 것처럼 보이기도 한다. 하지만 인류가 저지른 수많은 전쟁의 리스트를 염두에 두더라도, 인류의 과거 역사를 되짚어 보면, 그에 못지않게 평화를 추구하려

---

1   이 글은 중국 사회과학 아카데미 주최로 2007년 3월 5일부터 7일까지 베이징에서 열린 국제 통문화 학술대회에서 발표했던 글을 일부 수정한 것이다.

는 노력도 많이 존재해왔다. 그리고 그러한 열망은 아주 호전적인 문화 안에서도 존재해왔다. 모든 시대, 모든 장소를 막론하고 전쟁에 이어서 평화를 요구하는 목소리, 평화는 여전히 가능하다는 믿음을 보여주는 목소리들이, 때로는 숨 막힐 듯한 어조로, 때로는 억압된 채, 때로는 강하게 혹은 약하게, 때로는 감정에 호소하는 목소리로, 때로는 이성적인 목소리로 존재해왔다. 자신의 인생 전부를 평화와 안정을 되찾는 데 바친—비록 그렇게 해서 되찾은 평화와 안정이 덧없는 것으로 드러났다 할지라도—사람들도 무수히 많았다. 요컨대 실현되지 않은 평화를 하나의 이상으로 그리는 성향은, 평화적인 방법보다는 폭력적인 방법으로 싸움에 이르고야 마는 성향만큼이나 인간 조건의 중요한 한 부분을 이루고 있는 것이다.

인간은 생물학적·심리학적으로 전쟁을 하도록 되어 있는지도 모른다. 달리 말해 공포와 탐욕이라는 원초적인 감정에 따라 자기 것을 지켜내려는 한편, 탐나는 것을 강제로 자기 것으로 만들기 위해 난폭하게 발톱을 드러내도록 되어 있는지도 모른다. 하지만 그것이 사실이라고 할지라도 우리가 열망해온 것들의 역사를 통해 또 다른 사실, 즉 인간은 생물학적으로, 그리고 심리학적으로 평화와 안정을 갈망하도록 되어 있다는 것, 평온함과 안정과 평화를 통해 나타날 수 있는 그 무언가를 갈망하도록 되어 있다는 것, 전사戰士의 정신 상태에서는 도달하기 어려운 그 무언가를 갈망하도록 되어 있다는 것도 인정해야만 한다. 인간에게 고통을 남김없이 유발한 전쟁이 아주 단순하고 거친 방법으로 일어난 것이라면—그런 단순하고 거친 방법을 추구한다는 것 자체가 전쟁을 일으키는 원인이기도 하다—그와 반대로 평화를 이룩하는 방법은 훨씬 복잡한 인간의 능력을 필요로 한다. 그것은 한 방향으로 정리하기도 어렵고 상상하기도 어렵다. 그러나 우리가 역사를 통해 평화가 어떤 것이어야 하는지 배우고 상상해왔던 것처럼, 세계 여러 지역에서도 평화를 찾아내고 수호하기 위한 각기 다른 여러 방법을 상상하고 시도해왔다. 비록 그 방법을 찾아내는 데는 성공하지 못했지만 그 꿈은 지속되어 왔으며, 파괴 수단들이 점점 더 과격해지는 만큼 우리는 점점 더 그 꿈속에 침잠하게 된다.

우리가 갈망해온 것들의 역사를 살펴보더라도 어떻게 하면 인간존재가 조화를 이루며 더불어 살아갈 수 있을 것인가를 설명해줄 수 있는 완벽한 이론이나 사상은 존재하지 않는다고 말하는 것이 옳다. 하지만 그것이 가능하다고 느끼기도 한다. 우리는 여기저기서 그러한 예들을 보았다. 우리에게는 충분한 실례實例들이 있으며, 그것을 통해 인간이 지혜의 힘으로 함께 살아갈 방법을 찾을 수 있으며, 일상생활에서도 실천이 가능하다는 것을 확신할 수 있다. 그 본보기로서 고대로부터 오늘날에 이르는 지구 전역의 수많은 교훈, 예컨대──수많은 예 중에서 딱 두 가지를 꼽는다면──인仁에 대한 공자의 가르침이나 영원한 평화에 관한 칸트의 철학 같은 것에 도움을 청할 수도 있다. 그와 같은 지혜로운 가르침들이 평화라는 보편적인 개념을 보여주는 하나의 증거라는 사실을 문제 삼는 이는 아무도 없을 것이다. 하지만 인간교육의 역사를 살펴보면 보편적으로 유효한 어떤 해결책도 존재한 적이 없고, 윤리적으로 절대적인 어떤 법률도 제정된 적이 없다는 사실을 알 수 있다. 갈등conflit──나는 이 단어를 인간들 간의 단순한 대립opposition과 불화désaccord의 의미로 사용한다──은 불가피하다. 하지만 역사 속에 나타난 갈등은 그것을 낳은 시대, 장소, 공동체의 특징을 그대로 드러낸다. 평화와 조화를 이루어내기 위한 갈등 해결 방법들은 그 갈등을 낳은 각기 상이한 공동체의 윤리적이고 정신적인 특징과 관련되어 있다. 예를 들어 우리가 유교의 인──선善을 향한 점진적 교육을 통해 인류 동포에 대해 가져야 하는 절대적 행동 지침──을 실현하고자 한다면 우리가 몸담고 있는 공동체 내에서 그에 걸맞은 행동을 하면서 점진적 교육을 실천해야 한다. 결국 평화적인 행동이나 전쟁 행위는 모두 사회의 영향을 받아 형성되기 마련이다. 그리고 사회의 영향이란 인간 종족 자체가 그러하듯이 갈등적일 수밖에 없다.

애당초 인간이 갈등적인 존재이긴 해도, 우리가 함께 평화와 조화를 이루며 살 수 있도록 나름대로의 해결책을 찾기 위해 헌신하고 있는 다양한 기구들이 존재한다는 사실이 얼마나 다행스러운 일인지 모른다. 그러한 기구들은 세상 구석구석의 주민들이 모두 각자 자신의 잠재력을 충분히 발휘하고, 자신의 능력을 충분히 실현할 권리를 누릴 수 있도록 자유롭고 공정한 세계를 만들고자 노력하고 있다. 인류 역사의 바로 이 시점에서 평화와 조화를 추구하는 운동이나 기구들이 지구촌 전체를 겨냥하고 있다는 사실 자체가, 인간 종족이 이룬 역사상 유례없는 커다란 성공의 하나로 볼 수도 있다. 오늘날 그토록 방대한 계획은 많은 사람에게 너무 대담해 보일 수도 있고, 끊임없이 반대에 부딪힐지도 모른다. 하지만 지난 시대에는 그런 시도를 할 생각조차 하지 못했다. **총체성**globalité이라는 폭넓은 개념, 세계라는 무대에 나타난 이 새로운 개념은 우리가 이제까지 달려온 길이 어떤 것인지 이해하게 해주고, 인간 갈등의 성격을 개념화하게 해줄 뿐 아니라 그것의 해결 가능성을 생각하게 해준다.

다문화주의를 넘어서

사람들 간에 벌어지는 갈등의 핵심에 자리 잡고 있다고 자주 이야기되는 것이 바로 온갖 종류의 자연적이거나 문화적인 차이들이다. 하지만 인간존재들 간에 분명 차이가 있는데도 불구하고, 또한 차이라는 이름으로 온갖 갈등이 빚어지고 있는데도 불구하고, 아주 다양한 구성원들이 같은 영토 안에서 함께 살고 있는 것이 현실이다. 때로는 공존 자체가 어려운 듯, 유혈 사태가 벌어지거나 억지 평화 속에서 지내기도 한다. 하지만 어찌 됐든 이러한 차이가 공존하고 있다는 사실은 부정할 수 없다. 현재를 포함해 역사의 몇몇 시기에는 어떤 집단들이 다른 집단을 말살하려는 일이 벌어지곤 했다. 역사적으로 어떤 집단은 그런 짓을 하는 데 성공했음도 부정할 수 없다. 하지만 적어도 근대 역사에서는 그러한 시도들이 인류의 양식에서 벗어나는 일이며, 더없이 가증스럽고 비열한 짓이라는 사실을 많은 사람이 인정하고 있다. 적어도 근대에 이르러서는, 어떤 집단이 다른 집단을 말살하겠다는 목적으로 행동할 때마다 그 공격적인 집단 내부의 몇몇 사람마저 그런 행동을 규탄하는 일이 벌어진다는 것, 나중에는 보다 많은 사람이 그런 행동을 분명히 단죄하게 되리라는 것을 우리는 잘 알고 있다. 한 집단 내에도 그런 불화가 존재한다는 사실을 언급한 까닭은 우리와는 다른 집단, 즉 그 집단의 모든 구성원이 어떤 식으로 행동하고 느끼는가를 판단할 때마다, 그 집단 내부에도 이질적인 것이 공존하고 있음을 잊게 된다는 점을 강조하기 위해서이다. 어떤 종류의 차이들이 왜, 어떻게 해서 우리를 파괴적인 방법으로 갈라놓게 되는지를 이해하기 위해서는 그 점을 잊지 말아야 한다.

인간존재가 개인적이든 집단적이든 각기 다를 수밖에 없다면, 도대체 어떤 특수한 차이가 인종학살이라는 통제 불가능한 광기에 이르게 하는 것인지 물어야 한다. 또한 차이에 대한 개념들이 확실히 시대에 따라 변하는 이상, 오늘날 어떤 차이들이 왜 이런 종류의 극단적 파괴를 불러오게 되었는지 생각해봐야만 한다. 또한 오늘날, 이전까지는 조화를 이루며 평화롭게 살던 한 민족이, 아주 오랫동안 익숙하게 여겨왔던 차이들을 갑자기 견디기 어렵다고 판단하고 다른 집단과의 공존을 끝내겠다며 죽음을 무릅쓰고 그것을 이루려고 하는 일이 왜, 어떻게 일어나게 되는 것인지 물어야 한다.

근대에 이르러 우리는 그러한 질문들에 대해 여러 다양한 차원에서, 여러 다양한 관점으로 분석해왔다. 그러면서 이전까지 타당하다고 여겨졌던 몇몇 개념을 폐기하게 되었다. 예를 들어 이전까지 인간에게는 유전적으로 미지未知에 대한 공포심이 내재되어 있어, 겉보기에 이질적인 존재가 나타나게 되면 공포심이 발동된다는 설명이 타당한 것으로 여겨졌다. 그래서 우리와는 다른 믿음을 가진 사람들 앞에서 공포를 느낀다고 생각했다. 실제로 오늘날 가장 잔혹한 학살을 저지른 몇몇 갈등의 장본인들을 보면, 그런 짓의 근원은 차이에 대한 원초적 공포라는 것을 잘 알 수 있다. 하지만 많은 사람이, 심지어는 방금 지적했듯이 그런 일을 자행한 집단 내의 사람들까지 애써 그런 논리를 거부한다. 그중 몇몇은 자신들의 박해 행동에 대해 정반대의 논리를 내세우는가 하면, 일부는 어떤 정당화도 불가능하다며 새로운 논리에 동참하기를 꺼린다. 한 국민 사이에도 갈등 자체에 대한 의견이 다양한 것이다. 그러니 딱 한 가지 자명한 이치만 남는 셈이다. 즉 한 집단의 통치 형태가 어떤 것이든, 한 국민이 어떤 식으로 일치된 행동을 하든, 불일치와 불화는 집단 내부에 엄연히 존재한다는 사실.

폭력과 갈등의 원인으로서 차이에 대한 원초적 공포를 내세우는 논리는, 현대사회의 모든 사람이 점점 더 자주 만나게 되고 서로 많은 것을 공유하게 되면서 그 유효성이 갈수록 떨어질 수밖에 없다. 그 어떤 집단이나 사회건, 어떤 방식으로든 다른 집단과 문화적 교류 없이 제대로 기능을 발휘하기란 점점 더 어려워지고 있다. 화약고에 불을 지르는 것이 바로 '차이에 대한 공포'라는 생각을 오늘날에도 여전히 옹호하려고 든다면, 그것은 현실감 없는 이야기가 될 뿐이다. 오늘날에는 차이에 대한 불관용의 원인으로서 권력에 대한 갈증, 지구의 제한된 부(富)를 지배하려는 욕구들을 내세우는 것이 더 설득력 있다. 홉스는, 인간이란 지상의 부를 향유하려는 욕구를 지니고 있으며, 역시 그 제한된 부를 누리고 싶어 하는 타인이 저지른 폭력으로 인해 죽게 될까 봐 두려워한다고 생각했다. 질투와 폭력은 그러한 인간의 자연적인 두 성향에서 기인한다는 것이다. 또한 "이질적인 것"을 향한 인종적 차원의 복수와 증오를 낳는 것도 바로 이 두 성향이라는 것이다. 하지만 특히 오늘날의 세계에서는 교역, 이주, 첨단 통신기술 등을 통해 문화적 교류가 점점 빠르게 증가함에 따라, 자신과는 다른 사람들을 향한 폭력을 정당화하는 자기기만적이고 맹목적인 논리의 실상이 어느 정도 밝혀지고 있다. 하지만 국가와 국가 간의 대립, 한 국가 내 다른 집단들 간의 대립은 여전히 존재한다. 한편 근래에 들어 시장을 확장하고 사업과 무역을 하기 위해 한 나라의 노동력이 다른 나라로 이동하는 현상이 몇몇 나라에서 벌어지고 있으며, 그런 현상은 여러 잠재적 가능성을 내포하고 있다. 이질적인 종교를 가진 사람들, 유신론자와 무신론자, 가족에 대해 혹은 삶의 목적에 대해 전혀 다른 개념을 가진 사람들이 함께 일할 기회가 늘어난 것이다. 우리는 그런 나라들의 정책이 어떤지 조사한 뒤, 정책이 성공을 거둘 방법은 무엇인지 면밀히 검토해보아야 한다. 어떤 사람들은 그런 정책의 성공 여부는 전적으로 이주노동자나 이민자 들을 신중하게 선별할 수 있는가의 여부에 달려 있다고 주장한다. 한편 또 다른 사람들은 이질적 문화권에서 자유로운 사회로 들어온 사람들은 그 사회가 지닌 이점들을 침식하는 경향이 있으며, 그로 인해 사회 주변부의 사람들과 갈등을 겪을 수밖에 없다는 주장을 펼치기도 한다. 이 두 견해를 뒷받침해줄 만한 정확한 예를 찾기는 그다지 어렵지 않을 수도 있다. 하지만 어떤 견해를 내세우든 간에, 우리가 실제로 원하는 사회는 어떠한 것인가 하는 어려운 질문을 제시하고 있는 셈이다. 비非자유 문화권 출신 중 충분한 자질을 갖춘 사람들만 이민자로 받아들일 수 있다면 그들 고유의 생활양식과 새로운 사회의 생활양식 사이에 충돌은 발생하지 않을 수도 있다. 그들은 새롭게 속하게 된 사회의 자산을 전혀 축내지 않은 채, 다른 사람들과는 완전히 멀리 떨어져 살 수 있기 때문이다. 하지만 불행하게도 2001년 9·11 사태 이후 이런 "외국 시민"들을 향한 곱지 않은 시선은 점점 더 증가했다. 또한 사회복지 시스템의 침식에 대해서는 다른 문제가 제기되기도 하는데, 그러한 침식은 이주노동자들의 대거 유입 이전부터 그 사회 내부의 다른 여러 가지 요인들로 인해 일어나는 경우가 많기 때문이다.

경제의 지구화는 새로운 형태의 다문화주의를 만들어내고

있으며, 그로 인해 기존의 문제점들이 악화되기도 하고 새로운 문제점들을 낳기도 한다. 그러니 우리가 어떤 사회를 원하는지, 우리 스스로 어떤 사람이 되고 싶은지를 반영해주는, 국가적이고 국제적인 차원에서의 정치적 다문화주의를 시급히 정착시킬 필요가 있다. 그 길잡이로서 우리는 지금, 인간이 인간의 이름으로 행해야 할 적극적인 참여, 인간의 이름으로 세워야 할 윤리에 기댈 수밖에 없다.

지구화와 세계화

모든 문화를 포괄할 수 있는 평화의 윤리라는 것이 존재할 수 있을까? 나는, 우리가 이미 그러한 윤리로 향하고 있다는 의견에 동조하는 쪽이다. 하지만 행동하게 만드는 것은 우리를 조종하는 보이지 않는 손이 아니다. 개인적이건 집단적이건, 우리들 스스로의 적극적인 참여를 통해 그곳으로 향할 수 있다. 우리가 그 목표에 도달하기 위해 내린 결정, 우리가 선택한 행동에 대해 스스로에게 책임이 있는 만큼, 지금 우리 앞에는 실천해야 할 과제가 놓여 있는 셈이다. 각 사회의 특질을 차이와 유사성의 관점에서 분석하는 일, 그 사회들이 상호 교류를 통해 변화할 수 있는 능력이 얼마나 되는지 분석하는 일 등이 그러한 과제에 포함된다. 특히 각 사회의 과거를 면밀히 조사하고 그 과거가 현재에 어떤 영향을 미쳤는가를 검토해야 한다. 그리고 현재의 변화를 상상하고 그것을 실현하려고 애쓰는 순간, 그러한 지금 우리의 행동들이 바로 우리의 미래를 만들어낸다는 것을 상기해야 한다.

문화 교류가 전쟁, 군사적 점령, 노예화나 다른 종류의 억압—한 국가 내에서 소수집단을 향한 직간접적인 차별을 포함해—의 모습으로 나타날 때, 그것이 문화와 개인의 환경을 얼마나 황폐화시키는지 우리는 점점 더 잘 자각해가고 있다. 여기에서 내가 말하고 싶은 것은 그와는 다른 긍정적인 맥락에서 문화 교류가 이루어지는 경우이다. 가령 자신의 견식을 넓히려고 외국 여행을 한다든지, 외국을 보다 잘 이해하기 위해 그 나라에 대해 공부한다거나 그곳에 살게 되는 경우를 말한다. 나는 생활 세계의 변화에 대한 알프레드 슈츠Alfred Schutz의 깊은 성찰들에 크게 공감했다. 그 변화 메커니즘에 대한 아래의 글은 슈츠에게서 배운 것이다. 다만 그것은 그가 말한 종류의 여행객들이 이제 존재하지 않기 때문이 아니라, 다른 문화를 긍정적으로 알게 될 기회가 오늘날 미디어의 발전으로 점점 더 많아지고 있기 때문이다.

어떤 특수한 문화 요소들을 받아들일 때 우리는 우리 고유의 환경 세계에 일종의 "광廣지구화planétisation"[2]가 존재한다는 것을 알게 된다. 이를테면 우리로서는 생활 세계의 지평이 넓어지는 것이라고도 말할 수 있다. 지평이 넓어지는 것이든, 혹은 광지구화든 간에 그것은 "우리 집의 세계화 mondialisation du chez-soi"라고 불릴 수 있다. 하지만 주의할 점이 있다. "세계화mondialisation"와 "지구화globalisation"라는 단어를 혼동하면 안 된다는 것이다. 프랑스어에서는 **세계화**와 **지구화**라는 단어가 구별 없이 사용되지만 영어에서 **지구화**globalization와 **세계화**mundialization라는 단어는 서로 다른 뜻이다. 라틴어 **글로부스**globus에서 유래한 **지구화**라는 단어는 지구의 형태인 둥근 공 모양과 연관이 있는 단어로, 한 지역에서 다른 지역으로 이동해 결국 지구 전체를 섭렵하게 되는 것을 의미한다. 어원적으로 지구의 형태를 묘사하고 있는 만큼 문화적이고 종교적이고 역사적인 의미를 내포하는 경우는 거의 없다. 따라서 **지구화**란 사상이나 관습, 세계에 대한 개념들이 하나의 문화에서 다른 문화로 여행하는 것, 그러면서 그 자체의 변화를 가능하게 해주는 과정이나 수단을 말한다. 일반적으로 오늘날의 지구화는 시장의 지구화를 말한다. 반대로 **세계화**라는 단어는 라틴어 **문두스**mundus에서 유래했으며,

---

2　(옮긴이) 영어로 wide-worldization인 이 신조어에는 세계화와 지구화를 명확히 구분하기 위한 저자의 의도가 드러나 있다.

역사적 인간사회, 인간이 살고 있는 **지구**를 말한다. 영어의 **세계**world란 공간적 차원이나 지리적 경계라는 의미보다 훨씬 넓은 뜻을 포함한다. "우리의 세계"라는 표현을 쓸 때 보통 그 표현은 당연히 관습, 사상, 가치, 언어를 포함해 우리의 특수한 공동체를 이루는 모든 것을 지칭한다. 그리고 세계라는 표현을 가장 광범위한 의미에서 사용할 때 그 속에는 지구에 현존하는 모든 국민, 모든 문화가 포함된다. 따라서 세계라는 단어가 내포하고 있는 의미를 염두에 둔다면 우리는 세계화, 즉 외부 세계를 우리 고유의 생활 세계 안으로 받아들이는 것은 지구화, 즉 다른 문화의 사상이나 관습이 우리의 세계로 옮아오는 과정을 통해 이루어지는 것이라고 말할 수 있다. 그러한 과정을 통해 이전에 낯설고 이국적으로 여겨졌던 것들이 호감을 주는 친근한 모습으로 바뀐다. 이런 현상은 일반적으로 문화적 동화라는 용어로 알려져왔으며, 그것을 통해 우리의 친근한 세계의 경계선이 끊임없이 확장된다. 그러한 현상을 "우리 집의 세계화"라고 부르기로 하자. 우리 집의 세계화를 가능하게 하는 것은 친근한 우리 세계의 스키마와 낯설고 이국적인 세계의 스키마 속에 존재하는 공통 요소의 중재를 통해서이다.

　외국에 있게 될 경우, 우리는 그 나라와의 근본적인 차이들을 특수한 차원에서 평가한 뒤에 우리가 만나게 되는 이질적인 문화 모델들을 우리의 행동과 사고 방향의 스키마 속으로 받아들이게 된다. 그것은 아주 새로운 환경에 놓였을 때 그에 적응하기 위해 취하게 되는 행동 과정과 일치한다. 따라서 결국 우리에게는 새로운 환경의 현실과 상호 반응하면서 남의 방식으로 생각하고 행동할 수 있는 능력이 있다고 결론을 맺을 수 있다. 즉 전에는 낯설게 여겨졌던 공동체의 구성원들이 자신들의 현실 내에서 나름대로 생각하고 행동하며 살아왔던 만큼, 누구에게나 그렇게 생각하고 행동할 수 있는 가능성이 있다고 볼 수 있는 것이다. 그때 우리는 친근한 우리 세계에서 봉착한 문제들을 해결했던 것처럼, 새로운 세계의 스키마를 이용해 문제점들을 쉽게 해결할 수 있게 된다. 우리가 그렇게 할 수 있는 것은, 문화적 차이 너머에 통문화적인 공통 요소들이 존재하기 때문이다. 그 공통 요소들 덕분에 타자들의 스키마가 익숙한 우리 세계의 스키마와 아주 부드럽게 조화를 이루게 된다. 그때 우리에게 익숙한 세계의 객관화가 가능해진다. 달리 말한다면, 새로운 세계의 스키마를 우리에게 익숙한 환경으로 도입해 그 스키마 덕분에 우리의 세계를 새롭게 해석할 수 있게 되며, 그 과정에서 새로운 스키마를 창출하고 새로운 해석의 도구를 만들어낼 수 있게 된다. 끊임없이 이루어지는 세계화 과정을 통해 세계를 해석하는 우리의 스키마는 수없이 변화를 겪게 되고 그 덕분에 우리는

현실을 보다 넓고 깊게, 그리고 지혜롭게 이해할 수 있게 되는 것이다.[3]

오늘날 개인 생활 세계의 세계화는, 미디어의 확산 및 그 영향으로 지구화를 가속시키는 다른 현대적 매체들이 발전하면서 속도가 점점 빨라지고 있다. 이러한 커뮤니케이션의 새로운 양상들이, 이질적인 다양한 문화들 간의 불관용, 적대적 대립, 갈등 해결의 열쇠라고 할 수 있는 문화적 상호주관성으로 이끄는 데 기여한다. 낯선 세계의 요소들을 세계화해서 우리 것으로 통합할 수 있는 능력이 커지면 커질수록 우리는 다른 공동체에 속한 사람들과 어느 정도 한 집에서 지내는 것처럼 느낄 수 있는 가능성이 점점 커진다. 그런데 슈츠의 지적대로 여행객이 외국 문화를 이해하려고 애쓰는 것은 결국 거기에 적응하기 위해서라는 사실을 잊지 말아야 한다. 여행객은 결국 자신의 지평을 넓히기를 소망하는 것이다. 그럼에도 불구하고 너무나 잘 알다시피 미디어는 전혀 다른 목적으로도 사용될 수 있다. 미디어는 한 국가 내부의, 혹은 국가들 간의 분열과 증오와 위해危害를 부추겨 이른바 "문화전쟁"을 촉발하는 데 사용될 수 있다. 그 경우 미디어는 사람들의 시야를 넓혀주기는커녕 오히려 근시안적인 전망을 갖게 해

---

3   Alfred Schutz, *Collected Papers II*, La Haye: Nijhoff, 1964.

버린다. 민주주의가 바로 그 좋은 예다. 민주주의 자체는 영토를 넓혀가고 있지만 민주주의 정신, 민주주의의 핵심, 다른 나라의 노동자들을 받아들이는 국가적 구조들은 진정한 세계화를 이루지 못하고 있으며, 그러한 모습은 몇몇 나라의 뉴스에서 다른 나라를 묘사하는 방식을 보면 잘 드러난다. 우리는 그러한 현상을 시장 전략의 지구화 현상에서도 목격할 수 있다. 몇몇 선진국은 그러한 전략을 통해 개발도상국 혹은 미개발국의 미디어 산업을 독점하려고 한다. 이런 식의 시장 전략으로 인해 저개발국가의 국민들은 자신들의 시각과는 전혀 다른 모습으로 비춰진다는 느낌을 받게 된다. 동시에 영화나 텔레비전 프로그램에서도 신흥 개발국가 사람들의 라이프스타일이나 세계관이 그들 고유의 시선이 아닌 강대국의 시선으로 소개된다. 다문화 세계의 평화를 위한 윤리는 이런 상황에 답이 되는 지침을 제공할 수 있어야 한다. 지금 우리가 처해 있는 상황이 한 국가의 국민 사이에, 또한 국가와 국가 사이에 불평등을 조장할 수 있기 때문이다.

사회정의의 확립

특정 국민이나 다른 나라에 대해 이렇게 "은밀한" 억압이 진행되는 한편, 과학과 기술의 발전이 평화와 사회정의 촉진에 도움이 되는 다양한 문화 요소들의 전파자와 촉매제 역할을 하기도 한다. 오늘날 거의 모든 생활 세계에는 인간의 존엄성과 모든 사람을 위한 사회정의 보장을 목적으로 하는 잠재적 스키마들이 넘쳐나고 있다. 그러한 개념들은 이전 역사, 우리의 모든 과거를 반영하고 있는 만큼 지구촌 전 주민의 도덕적 상상력을 획득하는 데까지 이르렀다. 외부에서 조율을 마치고 우리의 세계로 들어온 사유들은 낯설고 이질적인 것처럼 하나의 충격으로 다가올 수도 있다. 하지만 동시에 그것들은 어떤 식으로든 우리 고유의 가치관이나 믿음 체계의 스키마, 혹은 심층구조와 잘 연결될 수 있는 것도 사실이다. 타자와의 열린 관계가 확립되면 이질적인 사유들은 그 성격이 바뀌어 고유 문화의 특징들을 흡수하게 된다. 그리고 그러한 과정이 일방적으로 이루어지는 경우는 거의 없다. 문화 요소들이 그런 식으로 관계를 맺을 때, 당사국들은 결국 확장의 모습으로만 변화되기 때문이다. 이러한 과정은 극소수에게만 알려진 채로 은밀하게 진행되지 않는다. 예를 들어 아시아의 조화 개념을 따르는 많은 사람은 그것이 서구의 수많은 평화 개념과 크게 다르지 않다고 생각한다. 확장과 통합을 목표로, 이질적인 것들 간의 유사성을 추구하는 이러한 유형의 단호한 연구 태도는 바로 우리 시대의 새로운 특질처럼 보인다. 관계와 유사성을 탐구하는 연구 태도가, 조화와 평화를 향해 점점 더 커져가는 시대적 요청에 부응하고 있다는 사실은 그 누구도 부인할 수 없을 것이다.

또한 좀더 실천적인 관점에서 우리가 주목해야 할 사실이 하나 있다. 극동의 신흥 산업국가들은 작금의 글로벌 경제 속에서 자리를 잡기 위해 자신들이 구축해야 할 경제구조의 토대로 이용할 요소들을 자국의 전통적인 문화 양상들에서 찾고 있다는 사실이다. 태국에서는 근대화를 위해 과학과 기술의 합리성 원칙과 유사한 원리를 불교의 가르침에서 찾으려 애쓰고 있으며, 중국에서는 국가 통합을 공고히 할 목적으로 자국의 시장사회주의 실천과 결합할 수 있는 모델을 공동체의 이상에 대한 유교의 가르침에서 찾으려 하고 있다. 이처럼 전통 사상 속에 담긴 문화 요소들을 탐색하려는 태도들은, 이른바 기획企劃된 세계화의 좋은 예다. 동아시아의 근대화는 결국 서구로부터 강요된 것이 아니라 역사적으로 불가피한 것으로 받아들여진다. 그런 현상은 한 지역이 세계 역사에 편입되기 위해 필연적으로 거쳐야 하는 발전의 한 단계인 것이다. 하지만 오늘날 글로벌 경제 전체를 지배하고 있는 시장의 특수한 논리가, 서로 전통 기반이 다른 국가들이 근대화를 이루기 위해 추구하거나 갈망하는 유일한 해결책이 될 수는 없다. 그렇다고 해서 그 지역들이 시장 논리에 저항하거나 다른 대안을 찾으면서 고립되어서도 안 된다. 그 국가들에서는 다양한 전공을 가진 지식인들이 근대화 산업에 참여하고 있으며, 그중 일부는 시장 지구화 조직과 손을 잡고 자신들의 뜻대로 개혁 정책을 수립할 것을 주장하기도 한다. 또한 전 세계적 네트워크를 가진 많은 시민사회가 합류하기도 하며, 많은 정부가 시장경제 촉진에 몰두하고 있다. 이 모든 집단은 국가 발전 단계에 도덕과 윤리를 불어넣으려고 애쓰고 있으며, 그것은 거의 모든 나라에서 빈부 격차가 여전히 존재한다는 점에서 정당한 노력이기도 하다. 그러나 빈부 격차는 오늘날 지배적인 시장 논리의 틀 속에서는 불가피한 일이다. 근본적으로 시장 논리란 보이지 않는 손이나 힘이 인간을 지배하고 있으며 결국 시장으로 인간을 이끈다는 논리, 인간의 행동에 대해서는 조금도 고려하지 않는 논리, 끊임없이 생명력을 되찾는 그 논리에 바탕을 두고 있기 때문이다. 중요한 것은 고수익 창출이고 이 목적에 이르기 위한 모든 수단이 정당화된다. 만일 기계가 좀더 효율적으로 일을 할 수 있게 된다면 그 일을 하던 노동자는 해고되어 다른 일을 찾아볼 수밖에 없다 (실제로 그런 일이 비일비재하게 일어나지는 않지만 적어도 그런 수사修辭는 바뀐 적이 없다). 시장은 계속되고 이익은 계속될 것이다. 목적이 수단을 정당화한다. 역사적으로 항상 수단 자체가 곧 목적이 되었던 사실은 하나도 중요하지 않다. 사람들은 새로운 이익에 익숙해지고 이전에 가치 있는 것으로 여겨졌던 옛 목적들은 잃어버리게 된다. 문제는 우리가 시장의 지구화에 찬성하느냐, 반대하느냐에 있지 않다. 그런데 요즘, 언제나 그런 잘못된 방식으로 문제가 제기된다. 그런 방식으로 우리가 인식하고 있는 갈등을 해결해줄 만한 윤리는 사실상 존재하지 않는다. 문제는 시장이 아니다. 문제는 갈등을 유발하는 우리 인간성의 저 깊은 곳에 숨어 있다. 그리고 그것이 무엇이든 간에 우리의 윤리를 정립하는 일은 그러한 근원으로부터 출발해야 한다.

인간의 비사회적 사회성

인간의 본성은 갈등을 일으키고 서로 대립하게 마련이라는 사실은 의심의 여지가 없다. 그것은 모든 인간사회에서 발견할 수 있는 하나의 현실이다. 인간의 품격이나 아름다움, 정의로움 역시 우리가 사회를 이루며 살기 때문에 가능하다는 것도 엄연한 현실이다. 사회계약은 인류에게 최선의 것을 가져다줄 수 있지만, 최악의 상황을 초래할 수도 있다. 하지만 사회계약이 없다면 인류는 없다. 인간의 갈등 성향을 "비사회적 사회성sociabilité asociale"이라고 일컬은 칸트는, 갈등을 빚는 인간성 위에 우리가 사회를 이루면서 살아야 할 필요성에 따른 규율이 부과될 때 최선의 사회질서가 나타날 수 있다고 믿었다. 18세기 말의 칸트처럼 가장 정의로운 사회질서가 결국에는 승리할 것이라고 확신할 수는 없다. 하지만 조화가 결국은 실현될 수 있다는 것, 공정함이 존재할 수 있다는 것, 인권, 평등, 부의 균등한 분배, 만인을 위한 정의 같은 개념들이 무럭무럭 자라나 사회계약의 틀 안에서 그것들의 힘과 뿌리를 확인하게 되는 날이 오리라는 것에는 동의할 수 있다. 또한 변화하는 상황 속에서도 그러한 가치들을 유지하려는 윤리적 요구가 계속되고 있다는 사실은 인간의 '비사회적 사회성'이라는 특질을 그만큼 잘 보여준다고 말할 수 있다.

경제적 지구화가 진행되고 있는 지금, 우리는 이미 겪었던 문제에 다시 봉착해 있는 셈이다. 지구 자원의 공정한 분배라는 문제는 분명 늘 존재해왔다. 언제나 다른 사람들과 함께 살아야 하고 함께 일을 해야만 한다는 것은 지금 우리가 마주하고 있는 엄연한 현실이며, 사회가 커지면 커질수록 이 두 요인은 점점 더 우리에게 큰 압박으로 다가온다. 우리 모두가 동포라는 주장이 현실적인 설득력을 갖게 할 방법이 아직은 없어 보이며, 우리와 비슷한 사람들끼리 따로 떨어져 사는 것이 가능하다고 제안할 만한 근거도 없어 보이는 역사의 현 시기에서, 많은 국가가 다문화주의에 대한 견해를 상당 부분 수

정하고 있다.

시장의 문제가 지금 봉착하고 있는 문제의 핵심이라면 우리는 그 문제 해결을 시장으로부터 시작해야 할지도 모른다. 그때 바로 존 듀이가 도움을 줄 수 있다. 미국 철학자인 듀이는 시장과 평등 개념과 다문화주의multiculturalisme ─ 그는 다원성plurality이라는 용어를 사용했다 ─ 에 대해 지대한 관심을 가졌다. 그리고 그러한 상황에 처한 시대의 윤리 문제에도 많은 관심을 보였다.

듀이는 시장의 지배권을 믿지 않았고 시장을 이끄는 보이지 않는 손에 대해서도 의심을 품었다. 그는 산업과 시장이 중요하다고 생각하기는 했지만, 동시에 시장이 자유방임 상태에 있으면 안 된다고 생각했다. 듀이 입장에서는 모든 수단을 정당화하는 목적이란 있을 수 없었다. 수단은 곧 목적이고, 한 사회는 끊임없이 목적만큼이나 수단을 중요시해야 하며, 그것이 언제나 결합되어 있음을 명심해야 한다. 그런 노력의 열쇠가 되는 것이 바로 교육인데, 듀이가 판단하기에 교육을 통해 비판적 사고를 기르는 것이야말로 한 사회 내에서 개개인이 지녀야 할 의무이자 권리이기 때문이다.

듀이는 목적이라는 것 ─ 그는 "기획된 목적ends-in-view"이라고 불렀다 ─ 은 어떤 경우에도 무비판적으로 수용되어서는 안 되며, 최소한 언제든지 수정이 가능해야 한다고 보았

다. 미래는 본래 예측 불가능하다. 예기치 못했던 문제, 예컨
대 환경오염 같은 문제에 봉착하면 즉각 해결책을 찾아야 한
다. 그래서 필요하다면 계획이 수정되어야 한다. 듀이는 한 사
회의 모든 구성원이 계획을 세울 때 뭔가 할 말을 하기를 기
대했다. 그는 국민 모두가 사회학적으로나 심리학적으로 자기
가 속한 사회의 제도와 관습을 연구하기를 기대했다. 그는 구
성원 모두가 참여할 수 있는 살아 있는 민주주의를 꿈꾸었던
것이다.

그가 염두에 두었던 것은 혈연으로 맺어진 나라도, 시골의
작은 마을도 아니었다. 그가 겨냥한 것은 시끄럽고 고도로 산
업화된 국가, 하지만 그가 보기에 민주화가 아직 이루어지지
않은 나라였다. 듀이는 개혁을 꿈꾸었다. 현실은 다원적이 되
었지만 인종적이고 민족적인 대립이 그 다원적인 현실 속에
존재하고 있었다. 그럼에도 불구하고 듀이는 다양성을 북돋
웠다. 인간은 사회를 이루면서 살아갈 때 더 풍요로워질 수
있으며(물질적인 풍요가 아님은 물론이다), 우리의 결정이나 행
동은 다른 사람의 관점을 고려할 때 더 의미 있는 것이 될 수
있기 때문이다.

이러한 접점이 더 많아지고 다양해진다는 것은 한 개인이
반응해야 하는 **자극**도 점점 다양해진다는 것을 의미한다. 결

국 그로 인해 개인들의 행동 변화가 중요하게 여겨진다.[4]

듀이는 다원성을 매우 중시했으며, 동질성은 결국 우리의 미래를 축소시킬 위험이 있다고 생각했다.

우리의 일체성unité은 동질적인 것들로 이루어질 수 없다. [……] 그보다는 개별 인종과 국민이 제공할 수 있는 가장 최선의 것들, 가장 특징적인 것들이 조화로운 하나의 전체를 형성하고, 그 전체의 구성 인자로 참여할 때 우리의 일체성이 창조될 수 있다.[5]

1929년에 시작된 대공황 시기에 듀이가 복지개혁 프로그램에 커다란 영향을 준 것은 사실이지만 교육에 관한 그의 발상은 완전하게, 널리 받아들여지지 않았다. 하지만 그의 발상은—비록 그 자체가 바로 실천으로 이어지지는 않았지만—오늘날 우리의 변화를 이끌 만한 유용한 방향 지침으로 남아

4   John Dewey, *Democracy and Education*(1916), in *John Dewey: The Middle Works*, Vol. 9, Carbondale, IL: Southern Illinois University Press, 1980, p. 93.
5   John Dewey, *Nationalizing Education*(1916), in *John Dewey: The Middle Works*, Vol. 10, Carbondale, IL: Southern Illinois University Press, 1980, p. 204.

있다. 그의 발상에는 미국의 현실보다는 미국의 꿈이 더 많이 들어 있다. 하지만 바로 그 때문에 그의 글들은 다시 읽어 볼 만한 가치가 있다. 민주주의는 매 세대마다 새롭게 가르쳐야만 한다고 듀이는 말한 적이 있다. 칸트 역시 주저 없이 동의했을 것이다. 우리의 "비사회적 사회성"이 그것을 지켜보고 있다. 상황이 변할 때마다 언제든지 윤리는 새로워져야 한다. 지금 이 세상을 지배하고 있는 사람들은 그것을 잊은 듯하다. 우리를 새롭게 만드는 것은 개혁을 향한 간절한 외침이며, 우리가 처한 곤경에 대한 절망과 한탄이다. 우리의 희망은 이제, 변화를 위해 움직이고 있는 글로벌 시민사회에서 그 터전을 마련했다. 그 시민사회는 다문화적인 세계 속에서 평화를 이루기 위해 우리에게 절실하게 필요한 이 특수한 윤리에 대해 발언하기 시작했다.

우리 집의 세계화—
위대한 공동체
윤리를 향하여

이 글을 쓴 목적은, 인류에게는 유토피아를 향한 설계도를 공들여 만들려는 고유의 특성이 있다는 것을 보여주기 위해서다. 우선 인간존재가—개인적이건 집단적이건—변화해가는 자신들의 고유한 생활 세계 및 이질적인 세계와의 상호작용을 통해 어떻게 유토피아를 지향하게 되는지를 그려 보여줄 것이다. 특히 이질적인 세계의 이상과 원칙이, 그것을 받아들인 공동체의 이상이나 원칙과 어떻게 상호작용하면서 변화되는가에 주목하려 한다. 달리 말한다면 사상, 관습, 행동 들이 다른 문화들과 만났을 때 겪게 되는 변화 과정, 즉 세계화 과정을 살펴볼 것이다. 이데올로기와 유토피아가 각각 현상학적으로 어떻게 변모하는가를 탐구하면서 폴 리쾨르가 보여준 해석학적 통찰을 주로 참조할 것이다. 마지막으로 지구화와 세계화가 급속도로 진행되고 있는 이 시대에 유토피아적인 의미망으로 향하면서 변화를 겪고 있는——비록 산발적일 뿐이라 할지라도——몇몇 개념의 올바른 의미를 밝히고자 한다.

유토피아, 인간의 고유한 특성

불멸의 시인 셰익스피어는 "우리는 꿈이 만들어지는 바탕이며 재료 같은 존재이다"라고 말했다. 여기서 "우리"란 인류를 말한다. 우리는 우리 꿈의 설립자이면서 동시에 설계사이고 건설자이다. 셰익스피어의 작품 『템페스트*The Tempest*』의 주인공인 프로스페로는 유토피아 건설자로서의 능력을 상실했을 때 위와 같이 말했다. 독자인 우리는 인간존재로서 이미 알고 있던 사실을 다시 확인하게 된다. 인간존재의 특질상 우리가 우리 꿈의 건설자라면 우리는 개인적으로건 집단적으로건 꿈의 파괴자이기도 하다. 그리고 프로스페로는 자신이 말한 꿈이 악몽인지 이상을 향한 비전인지 적시하지는 않았지만 작품 속에는 그 두 가지 모두를 의미하는 것으로 그려져 있다. 게다가 현대의 독자들은 제아무리 고상한 꿈일지라도 저열함으로 얼룩져 있음을 잘 알고 있다. 그도 그럴 것이 꿈이란 탐욕과 너그러움, 복수심과 용서 등의 갈등적인 인간 특질을 "바탕"으로 세워지는 것이기 때문이다. 하지만 실제 행동에 들어가기 전까지는 모순으로 얼룩져 있다고 할지라도 작품에서 우위를 차지하고 있는 것은 고양된 꿈들이다. 그 꿈들에는 셰익스피어가 그려 보이고 있는 인간의 능력, 용서하고 서로 나누고 자신을 개혁하는 능력, 그런 것들이 성취되기를 상상하는 인간의 능력이—소수의 사람에게 국한된다 할지라도—포함되어 있다.

인간의 "바탕"

인간의 보편적인 모든 특성이 인간의 "바탕"을 이룬다고 간주할 수도 있다. 하지만 인류의 "바탕"이 어떤 것인가를 이해하기 위해 모든 것을 열거하기보다는 나의 오랜 멘토인 오이겐 핑크의 모델을 제시하고자 한다. 인간은 사랑과 증오와 죽음과 노동과 놀이의 조합을 통해 수없이 다양해진 공존의 방법이 이미 존재하는 세계에 태어난다고 핑크는 주장했다. 그에 따르면 모든 사회와 문명은 그것들을 통해 공존의 양식을 배우고 실천하면서 발전해왔다. 우리는 가정 내에서 사랑을 배우지만 동시에 형제간의 경쟁심을 통해 증오를 배운다. 사랑하는 사람의 죽음을 통해 우리는 삶을 존중하게 되고 동시에 우리 자신과 사랑하는 사람이 겪게 될 죽음을 두려워하게 된다. 죽음이 우리의 적을 없애버리고 우리의 복수심을 해결해준다는 것도 배운다. 노동과 놀이 속에 공존하면서 인간은 함께 사회구조를 세우고 창조한다. 핑크의 생각을 아주 간략하게 요약했지만, 인류 사회가 어떻게 시작되어 복잡한 구조에 이르게 되었는지, 그리고 어떻게 지금 우리가 공존하는 형태를 갖추게 되었는지 엿볼 수 있다.

이러한 공존의 모델들이 어떻게 복잡하게 얽혀 있는지 살펴보기 위해, 다시 셰익스피어의 『템페스트』로 돌아가 이 작품을 인류 경험의 연극적 시뮬레이션으로 간주해보자.

프로스페로는 어떤 섬에 도착하는데, 그곳에다 마술을 부려 유토피아를 건설한다. 하지만 그는 자신의 선택으로 그 섬에 온 것이 아니다. 프로스페로는 야심에 찬 형제 안토니오가 자신의 공국公國을 찬탈하고 자신을 죽이려고 하자 그 섬으로 오게 된 것이다. 이는 그의 충직한 친구 덕분으로, 친구는 프로스페로를 구해주고 나서 그와 그의 딸에게 뱃길을 알려준다. 어떻게 해서라도 은신처가 될 만한 섬을 찾게 되기를 바라면서 그에게 마술 책도 건네준다. 프로스페로는 마술을 부려 형제가 타고 있는 배를 섬으로 유인해 배를 난파시킨 다음 복수를 하려고 한다. 하지만 그의 복수 계획은 수포로 돌아간다. 딸이 원수의 아들을 사랑하고 있음을 알게 되고는 결국 형제를 용서하게 된 것이다. 한편 그의 용서에는 다른 요인들도 함께 얼룩져 있다. 그는 복수에만 마술을 사용하지 않고 딸과 원수의 아들 간에 사랑의 결실이 맺어지게 하는 데도 마술을 사용했다. 그는 딸과 원수의 아들이 결혼을 해야, 자신과 딸이 떠나온 나라에서 완벽하게 부와 지위를 되찾을 수 있으리라는 것을 잘 알고 있었기 때문이다. 복수를 위한 마술이 미래의 부와 지위를 되찾기 위한 마술과 충돌해 결국은 복수를 포기하게 된 것이다. 공존을 위해 얼마나 많은 요인이 복잡하게 얽혀 작용하고 있는가를 프로스페로의 상호 모순되는 의도가 잘 보여준다. 작품 말미에 자기 세계로 돌아가게 된 프로스페로는 마술을 버린다. 그러고는 마술 능력을 지닌 자보다 더 위대하며 미래의 일을 결정하는 것은 바로 우리 자신이라고 선언한다. 우리는 마술의 도움 없이도 꿈을 현실로 변모시킬 수 있는 존재이다. 우리는 수많은 삶의 방식이 이미 존재하는 세상에 태어나지만, 새로운 방법을 만들어내고 그것들을 이미 존재하는 것들에 접목시키면서 끊임없이 새로운 현실을 만들어내는 것이다.

우리는 어느 누구에게서도 그 방법을 배울 수 없다. 우리 문화의 규칙들로부터도 배울 수 없다. 오직 직관을 통해 배우며, 타인들과의 끊임없는 상호작용을 통해 배운다. 우리는 상호작용의 주체이자 해석자이다. 후설이 말했듯이 그러한 해석은 변화하는 생활 세계를 살아가면서 추론하고 상상하고 강조하고 소통하는 능력을 통해 중재된다. 우리의 생활 세계는 개인적이면서 동시에 집단적이다. 개개인이 겪는 고유의 경험만이 아니라 그 경험을 공유하는 세상 전체가 함께 그 의미를 선사하기 때문이다.

후설은 과학과 기술 바깥에 존재하는 순수한 생활 세계를 생각해냈다. 그러나 그런 개념은 오늘날에는 더 이상 유효하지 않다. 과학과 기술이 끊임없이 우리의 생활 세계를 변화시키기 때문이다. 후설이 알고 있던 자연 세계란 더 이상 존재하지 않는다. 심지어 그가 살던 시대에도 결코 자연적이지 않았으니 그가 말한 자연 세계라는 것은 어떤 식으로건 존재하지 않는다. 과학과 기술이 끊임없이 자연 세계를 다시 정의하게끔 만들기 때문이다. 인류 유토피아의 정수는 과학과 기술을 통해서, 또한 그것들과 생활 세계 간의 상호작용을 통해서 발생하는 변화들로 이루어져 있다. 이러한 변화들 뒤에 숨어 있는 모든 의도 역시 프로스페로만큼 갈등으로 이루어져 있으며, 맙소사, 그 결과도 마찬가지다.

세계화와 인간의 "바탕"

사상들은 어떻게 변화하는 것일까? 어떤 문화의 사상이나 관점이 어떻게 다른 문화의 사상이나 관점이 될 수 있을까? 그런 일은 정말로 일어날까? 사상들도 여행을 한다는 것, 일단 여행을 한 다음에는 그 사상 자체가 변한다는 것을 알기 위해서는 주변 세계를 한번 둘러보기만 해도 된다. 사상들이 지구화를 촉진시키는 것들을 간접적인 수단으로 삼아 여행을 하는 것은 물론이다. 사상, 관습, 태도는 상인, 여행객, 군인, 이민자 등의 중개를 통해 지구화한다. 하나의 사상, 하나의 인물 혹은 하나의 문화가 이질적인 것들로 옮겨져 변화를 겪는 과정에서, 지구화가 실현되는 방법이 중요한 역할을 한다. 그런 문화적 변화는 한 문화 내의 요소들이 다른 문화 내의 친근한 요소들과 만나는 것으로 시작된다. 그런 과정을 통해 개념적인 스키마들은 앞뒤로 변화를 겪게 된다. 그렇게 해서 낯선 것들이 친근해지지만 전과는 전혀 다른 것이 된다. 그것들은 새로운 구조에 적응하기 위해 변화를 겪으며, 그 구조 자체도 새로운 것을 받아들이기 위해 변화를 겪게 되는 것이다.

내가 가르친 한국 학생들은 서구인들이 생각하는 모습 그대로의 개인주의를 처음 알게 되었을 때의 경험을 말해주곤 했다. 처음에는 노인에 대한 공경심이나 가족에 대한 배려심,

사회 전체의 안녕을 바라는 마음이 서구의 개인주의 사회에는 전혀 없다고 생각하고 경각심을 갖는다. 그러다가 점차 서구에서는 전혀 다른 방식으로 공경이나 배려가 이루어진다는 것을 이해하게 된다. 일단 그러한 공통 요소에 대해 주목하게 되면 그들은 서구의 개인주의라는 개념을 받아들이게 되고, 그러한 개인주의가 우리 사회에서는 다른 방식으로 표출되고 있다는 것을 알게 된다. 그리고 일부는 서구의 개인주의를 자신의 스타일과 섞고, 다른 일부는 그것을 전보다는 훨씬 너그럽게 인정할 수 있게 된다. 어느 경우든 학생들은 이전에는 낯설기만 하던 개념과 만나서 그것을 자신의 전망 속에 포함시키는 경험을 하는 셈이다. 세상을 새롭게 이해하는 이런 현상을 나는 세계화 현상이라고 부른다. 세계화를 통해 우리에게 이질적인 것처럼 보이던 사상이 우리의 개념적 스키마로 통합되고, 우리의 생활 세계에서 객관화된다. 우리는, 내 학생들이 개인주의라는 개념을 정립하면서 자신의 전망을 넓혔듯이, 그 새로운 개념 덕분에 우리의 스키마를 재구조화할 수 있게 된다. 이와 같이 인류가, 그리고 각 개인이 지닌 "바탕," 그들의 생활 세계, 그들이 자신들의 생활 세계에서 함께하고 있는 것들은 끊임없는 세계화 과정 속에 있다. 그리고 이러한 세계화 과정 자체가 인류의 "바탕"이 된 것이며, 우리의 꿈은 바로 거기에서 태어난다고 말하고 싶다.

이데올로기, 유토피아의 촉매 ─ 리쾨르의 통찰

인류는 유토피아를 토대로 하고 있음이 틀림없을 뿐 아니라, 세계화를 수단으로 삼아 다른 기도企圖들을 할 때도 마찬가지다. 어떻게 해서 유토피아를 향한 열망들이 인류 역사에 그처럼 광범위하게 나타나게 되었는지, 그리고 왜 그렇게 자주 나타나게 되었는지, 왜 지금도 여전히 그러한지를 제대로 이해하기 위해서는, 그와 대립 개념으로 간주되는 이데올로기와의 관계를 살펴보아야 한다. 그 점에서 나는 폴 리쾨르가 『이데올로기와 유토피아 읽기』에서 보여준 것보다 더 설득력 있는 통찰은 찾아보기 어렵다고 본다.[1] 이데올로기와 유토피아라는 용어는 모두 오래전부터 존재해왔으며, 두 용어에 부여된 의미는 늘 다양했다. 유토피아라는 용어가 '가장 좋은 곳'과 '완전함'이라는 어느 정도 안정된 의미를 지녀온 데 반해, 이데올로기라는 용어의 의미는 프랑스 대혁명 이후 수없이 변화해왔으며 오늘날 여러 의미가 공존하고 있는데, 말하자면 '철학의 물'을 흐려온 셈이다. 나는 여기서 리쾨르의 해

---

1   Paul Ricœur, *Lectures on Ideology and Utopia*, George Taylor(ed.), New York: Oxford University Press, 1986, p. 266.

석학적 정의를 충실히 따르고자 한다. 물론 나는 이 논의를 통해 그 의미의 영역이 더 넓어지기를 기대한다.

그보다 앞선 카를 만하임과 마찬가지로 리쾨르는, 이데올로기란 본래 그릇된 것이며 악당들 편에만 설 뿐 결코 선한 사람들 편에 서지 않은 채 사람들을 호도한다는 마르크스 같은 사람의 견해에 동의하지 않았다. 리쾨르는 오히려 이데올로기를 정치사상들의 집합 같은 것으로 간주하면서, 이데올로기는 "행동을 향한 믿음 체계"라는 대니얼 벨Daniel Bell의 의견에 동조했다.

리쾨르는 이데올로기의 세 단계를 설정했다. 첫 단계로, 이데올로기는 우선 사회생활을 비튼다. 두번째로 이데올로기는 **현상**statu quo을 정당화하며, 하나의 권력 체계가 그 정당성을 선언할 때 그것을 믿을 수 있도록 만드는 역할을 한다(정당성 선언과 정당성에 대한 믿음 사이의 가교 역할). 세번째 단계로 개개인을 그 사회의 주요 문화들, 다양한 소문화 집단들 속으로 통합시키면서, 이데올로기는 긍정적인 동시에 필요불가결한 것으로 인식된다. 바로 세번째 긍정적인 단계, 특히 문화의 통합과 관련해 긍정적인 역할을 하는 단계에서 이데올로기는 사회적·문화적 상상력과 뒤섞인다.

한편 리쾨르는 유토피아의 세 단계를 다음과 같이 설정했다. 첫 단계에서 유토피아는 일종의 도피, 현실적인 사회생활과 맞설 능력이 없음으로 드러난다. 두번째 단계에서 유토피아는 권위와 권력에 도전하면서 이데올로기가 쓰고 있는 정당성의 가면을 벗기려 한다. 세번째 단계에서는 유토피아가 이데올로기를 비판하면서 사회적 상상력 그 자체처럼 보이게 된다. 리쾨르의 설명에 따르면, 이런 식으로 유토피아는 사회적 변화를 부추기는 "지적intellectuel 산파"가 되고 "정치적 교사"가 된다. 또한 이렇게 이데올로기와 유토피아가 섞이게 되면, 그 둘 모두에 사회적 상상력과 사회적 통합의 특성이 주입된다고 말한다. 그 단계에서는 둘 다 개혁, 개선, 그리고 현재의 도전에 맞서기 위해 필요한 전통의 부활 등의 특성을 내포하게 된다.

이데올로기의 세번째 단계에 대한 논의에서 리쾨르는 문화와 종교 모두 우리의 삶에 의미를 준다고 말한다. 그런데 문화와 종교의 상징구조는 모두 뒤틀리거나 너무 굳어버리거나 합리화의 길을 걷게끔 되어 있다.[2] 그런 일이 벌어지면 이번에는 유토피아적인 열망이 표면으로 떠올라, 상상력의 힘으로 전통을 되살리고 그렇게 되살아난 전통이 진화하여 결국 새롭고 유효한 의미의 차원으로까지 도달할 수 있게 해준다.

리쾨르가 보기에 유토피아와 이데올로기의 관계는 각 단계마다 달라진다. 세번째 단계에서 유토피아는 개혁의 모습을

2 같은 책, p. 266.

띤다. 두번째 단계에서 유토피아는 폭로자의 역할을 맡아 정당성을 선언한 권력의 기만적인 면을 밝히는 역할을 한다. 첫번째 단계에서 유토피아는 이데올로기가 비틀어버린 현실적인 삶으로부터 도피할 뿐, 그 현실적인 삶과는 아무런 관련도 맺지 않는다. 하지만 유토피아는 각 단계마다 우리에게 무엇이 가능한지, 우리가 어떻게 될 것인지, 또한 도덕적으로 어떻게 되어야 하는지를 상상하고 가정할 수 있는 힘을 불어넣어 준다.

문화와 종교를 이데올로기로 간주할 수 있다면, 거의 대부분의 이데올로기는 행동에 박차를 가하거나 안내자 역할을 맡기 위해 서로 경쟁한다. 인간존재란 의미를 창조하는 이데올로기 안에서 태어나는 셈이다. 개인과 집단의 세계화는 온갖 종류의 이데올로기에 영향을 준다. 리쾨르가 기술하고 있듯이 이데올로기란 인간존재에 의해 구축된 의미화의 구조들 자체이다. 그것은 이성과 사회적 상상력을 매개로 한 인간의 상호작용, 지구화와 세계화의 산물이다.

나는 사회적 상상력과 도덕이 실제로 작용해 유토피아적 충동에 추진을 가할 수 있다는 생각에 크게 이끌린다. 그렇다면 과거에는 왜 우리의 도덕적이고 사회적인 상상력이 실패했던 것일까? 예를 들어 왜 공산주의라는 그 커다란 실험이 붕괴한 것일까? 부의 공정한 분배라는 높은 이상이 왜 산산이

부서진 것일까? 정말로 권력이 부패했기 때문일까? 누구나 그런 질문을 던질 수 있다. 기아로 죽어가는 사람이 없도록 부를 공정하게 분배해야 한다는, 공산주의 이념을 이끈 생각은 지금도 여전히 유효하며 전 세계 사회주의자들 사이에서 더욱 섬세하게 다듬어지고 있기 때문이다. 그 문제에 관한 나의 이론은 다음과 같다. 공산주의자들의 유토피아를 향한 꿈은 가난한 자들의 권리를 찾아주고 부의 균등한 분배를 통해 평등을 실현하고자 하는 것이었다. 그런데 그 유토피아를 향한 꿈은 곧 유토피아로서의 고유 특성을 상실했다. 그 꿈을 당장 실현할 수 있는 이데올로기를 세워야 한다는 원칙에 너무 고양된 나머지, 그 통치 형태에 권위주의나 가부장적인 특성이 지나치게 많이 도입되었기 때문이다. 권위주의나 가부장제는 공산주의자들이 개혁하고 뒤집으려 했던 것인데, 유토피아의 꿈을 실현하기 위해 부정했던 체제를 도입하는 잘못을 범한 것이다. 권위주의 체제하에서는 평등을 향한 그 어떤 개혁도 이룩될 수 없다. 자애로운 권위주의라는 개념은 위험한 모순어법일 뿐이다. 유토피아적인 개혁은 세번째 단계의 이데올로기, 즉 종합 단계에 이르러 잡다한 집단들의 통합을 실현한 이데올로기와 그 임무를 교체해야만 진정으로 성공할 수 있다. 그렇게 되면 이데올로기는, 리쾨르가 말했듯이 규범적인 고유 모델도 포함하면서, 그 결과 그 구조들 내에 최소한 의

사擬似-유토피아적인 성격의 비판 정신도 지닌 것이 된다. 그런 점에서 전통을 재해석하고 그것을 비판적 요구와 만날 수 있게끔 이끄는 사회적 상상력만이 진정으로 유토피아적인 사회적 상상력을 향해 열릴 수 있으며, 그것만이 정의와 평등과 평화라는 사회적 꿈, 언제나 사라지지 않는 꿈이면서 동시에 너무 자주 억눌려온 그 꿈을 실행하게끔 우리를 이끈다.

유토피아를 향한 희망 ─ 변화 중인 개념들의 세계화

늘 경쟁과 갈등 상황에 놓이는 우리 생활 세계의 이데올로기에서 그 꿈이 차지할 자리가 있을까? 우리 운명의 전환기에 과연 위대한 공동체Société élargie[3]가 우리를 기다리고 있을 것인가? 우리 시대에 이 꿈들 중 일부가 실현되고 있음을 보여주는 동향들이 있는 것은 틀림없는 사실이다. 예를 들어 '인권'을 첫손가락으로 꼽을 수 있을 것이다. 잘 알다시피 인권 개념은 1948년 국제기구인 유엔에 의해 보편적인 권리로 선언되었다. 이후로 사회적 상상력을 통해 인권 개념에 내포된 의미 역시 전에 없이 빠르게 발전되었음도 우리는 잘 알고 있

3　존 듀이의 '위대한 공동체Great Community' 개념에 의거한 용어.

다. 오늘날 인권 개념에는 의식주를 누릴 권리뿐 아니라 자유와 정의, 교육의 권리도 포함된다. 인권은 누구나 누려야 할 권리가 되었다. 물론 현실이 그렇게 되었다고 말하는 것은 아니다. 나는 인권 실현을 위해 일하는 수백만 명의 사람들이, 문자 그대로, 꿈꾸는 개념에 대해 말하고 있는 것이다. 나는 만인을 위한 인간의 권리를 정립하기 위해 헌신하고 있는, 점차 확산 중인 시민사회에 대해 말하고 있는 것이다.

자유라는 큰 개념에 내재된 작은 개념들도 커뮤니케이션 기술의 발달에 힘입어, 또한 식민지 시대와 이후 창궐했던 압제적인 정부들의 영향력 감소에 힘입어 급속히 세계화의 길을 걷고 있다. 그중에는 정의라는 개념이 있다. 프로이트Sigmund Freud는 자유롭고자 하는 충동이 인간 정신에 보편적으로 존재하며, 문명은 필연적으로 그 자유에 제한을 가하게 되어 있다고 쓴 적이 있다. 그의 이론에 따르면, 정의가 진화함에 따라 자유에 가해진 제한 역시 누구에게나 똑같이 적용되기를 정의 자체가 요구하게 된다는 것이다. 수 세기에 걸쳐 정의에 대한 수없이 많은 논의가 있었지만 불행히도 정의는 아직 가장 다듬어지지 않은 모양새를 띠고 있다. "눈에는 눈"이라는 너무 단순한 논리, 그렇게 되면 장님들만 사는 세상이 될 것이라는 간디Mahatma Gandhi의 올바른 지적을 받은 그 논리는 오래전부터 비판을 받아오긴 했지만, 그 비판이 그다지 효력을 발휘하지는 못했다. 기독교는, 예수의 가르침대로 다른 뺨을 내놓아야 한다는 용서의 필요성에 토대를 두고 있는데도 그 뒤로는 기나긴 복수의 역사를 지니고 있을 뿐이다.

어떤 식으로든 정의를 개혁한다는 일은 정말로 유토피아적인―그 말의 가장 순수한 의미에서―것처럼 보인다. 지금의 모든 이데올로기는 용서에 대해서는 아무런 암시도 없이, 원래 존재하던 정의의 형태들을 통합하는 데만 몰두하게끔 만들고 있는 듯이 보인다. 통합하지 못하고 흩어져 있는 집단들을 재규합할 필요가 있을 때 인류가 전통 속에서 한동안 곱게 잘 키워왔다가 이후 다시 억눌러버린 가치들을 소생시키면 어떨까 상상하는 일이 가능하다. 그때 유토피아에 대한 사회적이고 도덕적인 상상력은 이데올로기의 보수적 상상력이 아니라 뭔가 "다른 것," 다른 곳에서 온 것, 리쾨르의 표현대로라면 "그 어디로부터도 오지 않은 시선"[4]의 상상력이어야 한다. 간디, 마틴 루서 킹Martin Luther King, 가장 최근의 일로는 남아프리카 '진리와 화해 위원회'의 데즈먼드 투투 Desmond Tutu 주교가 벌인 운동들을 "그 어디로부터도 오지 않은 시선"으로 간주할 수 있을 것이다. 이 지도자들은 전 인류의 존엄성, 만인의 자유, 용서의 필요성을 옹호하는 저 기나

---

4 Paul Ricœur, *Lectures on Ideology and Utopia*, pp. 265~66.

긴 인류 역사의 전통에 뿌리를 두고 있다. 용서와 만인의 자유라는 원칙들이 닻을 내리고 있는, 이러한 기나긴 세월을 지닌 전통에 입각해 세 명의 지도자는 모두 합리적 개혁, 도덕적 상상력을 기원하고 있으며, 그 기원은 '진리와 화해 위원회'에 관한 투투의 책 제목에 잘 드러나 있다. 그 책의 제목은 "용서 없이는 미래가 없다"[5]이다.

다시 찾아오게 된 위대한 공동체

분명 전에는 결코 실현된 적이 없는 유토피아적 테마들이 그 어느 때보다 폭넓게 세계화의 길을 걷고 있음을 목격할 수 있다. 그리고 그 테마들은 현대사회의 투쟁적 성향, 세계 대부분의 나라에서 시행되고 있는 편협한 의미의 정의正義, 점점 세계화되고 있는 배타적인 성향 등에 반대하는 길을 분명히 걷고 있다. 따라서 이러한 유토피아적 테마들은 공들여 보호할 만한 가치가 있으며 그것들이 자리 잡을 수 있는 곳이라면 어디든 뿌리를 내릴 수 있게 해야 한다. 나는 존 듀이의 아이

---

5 Desmond Tutu, *No Future Without Forgiveness*, New York: Doubleday, 1999.

디어, 즉 보다 위대한 공동체 건설에 관한 아이디어를 되살릴 것을 제안한다. 그가 궁극적으로 지향한 것은 민주주의의 실현이었다. 그가 생각한 민주주의는 사회의 모든 구성원이 그 원칙을 이해하고 수행하는 민주주의였으며, 특히 다수결의 법칙에 수반된 의무들을 이해하고 수행하는 민주주의였다. 그는 어른에서부터 아이에 이르기까지 사회의 모든 계층의 사람들이 참여할 수 있을 때 그러한 민주주의가 가능하다고 생각했다. 토론과 토의, 사회 이슈로 떠오른 문제에 대한 면밀한 조사 등 그 모든 것이 평범한 일상 속에 녹아 있는 것이 바로 그가 생각한 위대한 공동체였다.

또 한편에서는 일단의 철학자들이 교육의 중요성을 강조함으로써 유토피아적 테마에 힘을 실어주기도 한다. 예를 들어 마사 누스바움은 타 문화에 대한 공부를 통해 도덕적 감정이입의 상상력을 함양할 것을 제안한다.[6] 그녀가 옹호하는 것은 비교문화 연구가 아니다. 그보다는 타 문화의 문학과 관습, 그리고 자기가 사는 사회의 소수민 문화에 대해 공부할 것을 권한다. 물론 그들의 입장이 되어 그들의 시선으로 그것들을 이해하려고 애쓰는 것이다. 자신의 관점이 아닌 그들의 관점에

---

6   Martha Nussbaum, *Cultivating Humanity: A Classical Defense of Reform in Liberal Education*, Cambridge, MA: Harvard University Press, 1997.

서 그들이 내린 결정들을 이해할 수 있게 되면 감정이입이 일어나며, 그것이 바로 평화에 이르기 위한 필수적인 첫걸음이 된다.

지난 세기에 좌초를 겪은 유토피아적 시도들에서 나는 평화라는 주제가 진지하게 고려되었던 경우를 찾아보기 어렵다. 그럼에도 평화와 인권, 자유와 정의는 유네스코 같은 기구의 목표가 되었다. 유네스코의 전문前文에는 "따라서 평화를 잃지 않기 위해서는 인류의 지적·도덕적 연대 위에 평화를 건설하지 않으면 안 된다"라고 나와 있다. 내가 이 글에서 밝힌 유토피아적 경향은 바로 그러한 도덕적이고 지적인 공민의 연대에서 온다. 마지막으로 우리는 유토피아란 법률에 새겨 넣거나 누군가에게 실현을 위임하거나 그것을 누군가에게 강요하는 것은 불가능하다는 점을 확언할 수 있다. 전쟁은 평화를 창조하지 못한다. 강제력은 자유를 창조하지 못한다. 배타성은 정의를 창조하지 못한다. 우리가 꿈꾸는 전 지구적인 위대한 공동체는 인류의 "바탕" 위에 세워져야 하며 지적·도덕적 연대 위에 건립되어야 한다. 셰익스피어의 프로스페로가 마술의 힘을 포기하면서 말했듯이 미래에 일어날 일은 우리에게 달려 있다.

근대성과 주체성—
아시아의
다원적 정체성 의식

문화적 다양성을 넘어서

오늘날 다문화 세계의 규정을 둘러싼 철학적 논쟁은 일반적
으로 해당 지역들의 각기 상이한 세계관에 대한 비교를 중심
으로 벌어지고 있다. 다양한 철학적 전통들에 과연 공통분모
가 존재하는지 아닌지 비교의 관점에서 접근하면서 각기 다
른 두 관점이 맞서고 있는 듯이 보인다. 한쪽은 문화들 간의
차이가 너무 커서 의미 있는 비교는 애당초 불가능하다는 입
장을 취한다. 다른 한쪽은 아무리 상이한 문화 전통을 지니
고 있다고 해도 핵심적인 바탕은 동일시할 수 있으며 기본적
으로는 같다는 입장에 선다. 핵심적인 바탕이 사실 다양한

해석의 가능성을 지니고 있다고 해도, 그것이 다양한 문화들 간의 대화와 교류를 가능하게 하는 필수적인 틀의 역할을 한다는 것이다.

여기서 전개하는 논의는 기본적으로 두번째 입장에서 출발한 것이다. 문화들 간에 명백한 차이가 있고 심지어 대립이 존재한다 해도, 인간 사유의 전통은 언제나 그 차이 너머에서 현실의 성격, 인식의 양태, 공생의 방법 등에 대한 질문을 공통적으로 던져왔기 때문이다. 이 세상에는 커다란 사상적 분파들만 존재하는 것이 아니라, 문화들 간의 선택친화력도 존재한다. 그러한 선택친화력도, 사회적 상호작용을 가능하게 하는 수많은 길이 존재해온 덕분에 계속 발전되어왔고 지금도 발전하고 있다는 입장에서 논의를 전개하겠다. 인류 역사의 지금 이 순간에도 산업사회들이 이전까지 전통적인 세계관으로 간주되어왔던 것들을 포기하거나 변화시키는 모습에서 그러한 진화의 증거를 본다.

2006년 유엔 내 문명연맹의 한 보고서[1]는 이러한 수렴이 어떤 식으로 진행되는지 사회적·역사적으로 상세하게 설명해주고 있다. 그 보고서는 "문명과 문화 들은 인간 종족이 얼

---

1 Alliance of Civilizations, *Report of the High-Level Group*, New York: United Nations, 2006(www.unaoc.org/repository/HLG_report_FRZ.pdf).

마나 큰 자질을 지니고 있는지, 인류가 얼마나 위대한 유산들을 지니고 있는지를 반영하고 있다. 인간의 특성은 관계를 맺으면서 서로 뒤섞이고 간섭하면서 진화를 이룩한다는 데 있다"라고 단언한다. 인류의 모든 문명은 공통적으로 상호 모방과 상호 적응의 역사를 지니고 있다. 문화나 문명이라는 것은 이질적인 문화나 문명과 상호작용을 통해서만 발전하며, 어느 특정 지역의 관습, 인식, 사상 들은 지구 둘레를 옮겨 다니면서 변화를 겪게 되어 있기 때문이다. 각각의 문화에 속한 개인의 역사, 혹은 집단적 생활의 역사는 고정되어 있지 않다. 그것은 역사와 문화의 역동성, 문화적 정체성과 지구화 과정의 역동성을 통해 형성되며 그 형성 과정 안에서는 아주 복잡한 사회적이고 경험적인 상호작용이 작동하고 있다. 따라서 어떤 특정한 개인의 역사나 집단의 역사도 자신만이 인류 운명의 기본 초석이 되었다는 특권을 주장할 수 없다. 그리고 어떤 문화도 다른 문화들 없이는 존재할 수 없다. 사실상 개인과 문화가 시간과 공간을 통해 끊임없이 역동적으로 변화하면서 그 안에 어떤 상호작용이 복잡하게 작용했는가는 기껏해야 윤곽만 잡을 수 있을 뿐, 결코 정확하게 파악할 수는 없다. 우리가 가장 확실하게 말할 수 있는 점은, 사회적 변화란—그것이 조용하게 진행되건 급격히 이루어지건, 그것이 인정되건 아니건—기본 성격상 끊임없이 다양하게 진행된다는 것이다.

　아주 오랫동안 고정불변하며 시대와 동떨어진 지역으로 간주되어왔던 동아시아 신흥 산업국가들만큼 이러한 변화가 얼마나 복잡하게 이루어지는가를 잘 보여주는 경우는 없을 것이다. 오늘날 아시아 국가들은 글로벌 경제 내에서 "신흥 시장"으로 주목받으면서 점점 더 정교해지는 생산 과정과 과학 기술 혁신의 길목에서 빠르게 발전해왔으며, 그 결과 국민들은 점점 더 나은 삶의 질과 물질적 풍요를 누릴 수 있게 되었다. 신흥 산업국가들의 경제구조가 근대화됨에 따라 베이징이나 서울, 방콕, 마닐라, 쿠알라룸푸르와 자카르타 같은 수도들의 라이프스타일은 기술과학적인 문화 속으로 침잠하게 되었고, 이제 그곳 주민들은 그러한 기술 없이 일상생활을 영위하는 일을 상상할 수조차 없게 되었다.

　사실상 신흥 시장국가들 내에서 발전과 경제성장, 그리고 과학과 기술은 밀접하게 연결되어 있다. 과학과 기술의 발전이 지구 전역으로 확산되면서 지구 동서남북은 거의 모두 합리성이라는 동일한 틀 안에서 움직이게 되었고, 그 결과 객관성이나 합리성 같은 개념들은 이제 더 이상 서구 문명만의 전유물이라고 주장할 수 없게 되었다. 이제까지 앵글로·유러피언 지성사의 전개 과정에서 갈라져 나온 주된 결과물로 간주되었던 경험주의나 합리주의는 부지불식간에 세계 철학사 속에 각기 터를 잡게 된 것이다.

그러나 아시아 신흥 산업국가들의 **시대정신**이라고 할 수 있는, 경험주의와 합리주의라는 현대철학 두 학파의 유산은 반드시 앵글로·유러피언 사회하고만 연결되어 있지 않다. 그것들은 동아시아 국가들의 전통과도 연결되어 있다. 전통사회와 현대사회는 공통적으로 경험주의와 합리주의에 뿌리를 둔 요소들과 지향 스키마를 지니고 있다. 예를 들어 농경사회건 산업사회건 공통되는 기본 노하우 유형이 바로 노동이며 그것이 사람들을 물리적인 자연환경과 연결시켜준다. 아주 까마득한 옛 시절부터 양식을 얻기 위해 황무지를 개간해서 씨를 뿌리고 농작물을 키우는 일, 사냥 무기를 비롯해 다른 수단이나 도구를 고안하는 일은 계획에 따른 일이었으며 그 과정에는 관찰과 성찰과 협력이 필요했다. 그리고 그 모든 일은 바로 생존을 위한 것이었다. 인간이 집단을 이루어 살기 시작한 저 오래전부터 노동은, 그것이 척박한 땅에서 행해지건 습한 곳에서 행해지건, 인간을 자연환경의 물리적 구속으로부터 해방시키는 방법으로 간주되었다. 노동은 인간으로 하여금 직접적인 환경에서 벗어난 새로운 동력을 상상하게 만들었다. 바로 이러한 비범한 노력으로부터 객관성과 합리성에 바탕을 둔 과학과 기술이 탄생한 것이다.

과학은 자연에 대한 인식의 형태이며, 기술은 자연을 필요에 따라 통제하고 정복할 수 있게 해주는 도구였다. 과학과 기술은 도시나 거대한 집단이 자리를 잡고, 댐과 사원을 건설하는 데 큰 도움이 되었고 그것을 촉진하는 역할을 했다. 또한 무엇보다도 생산성의 부단한 합리화, 상업과 교환의 제도화에 촉매제 역할을 했으며, 그 결과 문명들이 탄생되었다. 인간에게 도구를 만드는 성향이 있다는 사실은 그 어디에서나 확인할 수 있다. 도구를 만들고 다룬다는 것은 전통사회건 현대사회건 인간의 지향 스키마 중에서 가장 중요한 공통 요소이다. 그러한 공통 요소들은 한 시대와 다른 시대, 한 문화와 다른 문화에 동시에 메아리치는 매개 기능을 갖는다. 복잡하고 까다로운 매개체이긴 하지만 그것들은 인류를 하나로 묶어주는 살아 있는 힘이다.

문화적 모순

노동은 제아무리 홀로 행해진다 하더라도 사회적이고 상호작용적이라는 것이 자명하다. 노동의 기본 특성이 공동체적이라는 것은 옛날부터 남성과 여성의 일이 구분되어 있었다는 사실에서도 분명하게 드러난다. 노동의 산물 또한 공동체적인데, 그 산물은 언제나 공유되고 교환되었기 때문이다. 다른 사람들과 함께 노동하면서 연대감이 형성되거나 공통의 목적도 생긴다. 바로 이런 연대감에서 사람들이 함께 평화롭게 살 수 있는 도덕 법규가 생겨나는 것이다. 물론 헤겔이 『정신현상학Phänomenologie des Geistes』에서 말한 것처럼 상호 인정, 사회정의, 시민의 권리 등 모든 것이 바로 노동의 연대적이고 집단적인 특성을 의식하는 것에서 비롯된다고 과장하고 싶지는 않다.

실제로 오늘날의 글로벌 경제 전략 중에는 성공의 방법으로 노동에서의 협력을 꼭 집어 말하는 경우가 자주 있다. 그리고 모두 함께 협력에 성공한다면 그것이 평화를 가져다주는 요인이 될 수 있다는 것이다. 하지만 얼마 전부터 오늘날의 글로벌 경제 내에서 노동의 이러한 사회적 특성과 그것이 지닌 평화로운 공존의 가능성이 점차 사라지고 있음이 목격되고 있다. 그리고 그런 현상은 제국주의 시대와 식민지 시대를 떠올리게 한다. 그런 현상은 분명 세계화가 진행되는 가운데 해당 국가가 겉으로 내세우고 있는 민주주의를 향한 열망에 반하는 것이다. 이를 가장 극명하게 보여주는 한 예가 있다. 단지 비용 절감을 위해 노동이나 노동환경에 대한 보호가 취약하거나 아예 없는 지역으로 산업 시설을 옮기는 현상이다. 그럼으로써 시설 설립과 값싼 노동력을 제공한 나라의 정부와 주주들은 이득을 얻게 되지만 노동자들은 아무 혜택도 받지 못하게 된다. 사회보장이나 임금을 절약해서 얻은 이익은 곳간에 처박히기 때문이다. 개발도상국의 노동자들에게, 경제가 성장하면 자유가 주어질 수 있다는 약속도 실제로는 없던 일이 되어버린다.

1970년대에는 산업국가들이 자국 영토 내에서 이런 일을 실행했지만 얼마 전부터는 산업 시설들을 개발도상국으로 옮기기 시작하면서 개발도상국들 간에는 최저 가격으로 임금과 사회보장을 제공하려는 경쟁이 붙었다. 그 결과 예상했던 대로 산업국가 사람들의 주머니는 점점 비게 되고 실업이 증가하며 종국에는 계속 가난이 늘어날 수밖에 없는 위험에 처하게 되었다. 결국 개발도상국이건 산업국가이건 부와 권력이 소수에게 극도로 집중되는 현상이 벌어지는 것이다.

생산비용이 낮은 지역으로 산업 시설을 이전하는 경향은 주로 비전문 인력에 의존하는 산업의 경우에만 국한되지 않는다. 이제 그것은 서비스 산업이나 정보화 관련 분야로까지 확장되고 있는 추세이다. 오늘날 기술 선진 국가들 내에서 3차 산업 종사자들의 실업 현상을 목도하고 있다. 그 결과, 실업자의 소비 구매력이 사라지면서 모든 사람이 피해자가 된다. 시장은 고갈되고, 저개발국가의 중산층 경영자나 전문직 종사자들—이제 갓 생겨나 증가 일로에 있던 계층의 사람들—은 침체의 늪에 빠진 시장과 갑자기 단절된다. 노동계층이 높은 곳으로 이동할 수 있는 가능성이 희박해지고 중산층이 낮은 곳으로 이동할 가능성은 커지면서 근대성은 침몰 중에 있는 겉만 번드르르한 배처럼 되어버린다.

　동아시아 신흥 산업국가들의 근대화는 필연적인 역사 흐름의 결과가 아니다. 반대로 그 국가들은 최첨단의 근대화 사회들이 누리고 있는 인간의 존엄성, 개인의 자유, 사회정의를 위해 자기들 스스로 경제 발전의 방향을 택한 것이다. 그렇다면 왜 세계 대부분의 국가가 결국 민주주의가 아니라 금권정치에 이르게 될 시장 중심의 신자유주의적 근대화의 스키마를 채택하게 된 것일까? 오늘날 많은 나라가 겪고 있는 금권정치는 고대 그리스 일부에서 존재했던 금권정치나 이후 이탈리아에서 나타났던 상업공화국과는 성격 면에서 완전히 다르다. 고대의 금권정치는 가장 부유한 자들을 주축으로 한 정치로서 경제적 불평등을 특정으로 한다. 그러나 오늘날의 금권정치는 훨씬 교활하고 유동적이다. 작금의 금권정치가들은 어떤 지위를 차지하거나 관리직에 임명될 필요가 전혀 없다. 그럼에도 불구하고 그들은 정치적 결정에 분별없이 개입할 수 있는 길을 아주 쉽게 찾는다. 그 정치가 민주주의건 독재정치건 아무 상관이 없다. 그러한 예는 수도 없이 들 수 있겠지만 지면을 아끼기 위해 한 가지만 언급하기로 하자. 이미 말한 바 있는, 생산비용 절감이나 주주의 이익을 극대화하기 위해 한 나라의 산업 시설을 다른 나라로 옮기는 현상이 바로 그것이다. 이 경우에는 기업가들, 주주들, 당사국 내의 한 줌도 안 되는 정치 책임자들이 금권정치가들이다. 그 수혜자들, 즉 금권정치가들은 정치 체제와는 아무런 상관없이 권력을 휘두른다. 금권정치는 민주주의에서부터 군주제에 이르기까지 모든 정치 체제에 등장할 수 있다. 근대성을 신자유주의로 해석하게 되면 이름도 없고 얼굴도 없는 금권정치가들이 권력을 잡게 된다.

한 국가가 근대성을 지향하면서 **왜** 이처럼 해로운 신자유주의의 길을 택하게 되는가는 아주 중요한 질문이지만 대답은 언제나 실효성이 없는 사변적인 것이 되기 십상이다. 그런 잘못에서 벗어나는 방법을 찾으려면 **왜**와 함께 **어떻게**라는 질문을 던져야 한다. 그런 질문을 동시에 던져야만 근대화의 실행 방식과 정치적 기능을 개선하거나 제대로 바꿀 수 있다.

칸트와 헤겔의 저술들은 근대성의 옹호자들에게 언제나 많은 시사점을 던져준다. 그들은 근대성에 대해 '왜'와 '어떻게'라는 질문을 동시에 던진 사람들이었던 것이다. 산업혁명의 여명기에 살았던 두 철학자는 시민들의 자각, 즉 집단 속에서 개개인의 자각이 바로 선진사회가 근대성에 도달할 수 있게 해주는 촉매제 역할을 한다고 보았다. 역사적으로 볼 때, 팽창 중에 있는 중산층 내에서 개인성에 대한 의식을 높이기 위해서는, 계층 간의 유동 가능성이 커지는 것이 필수적이다. 산업화와 도시화에 의한 근대화를 통해 중산층의 확장과 유동 가능성을 동시에 제공해야만, 시장경제 내에서 '계약관계'의 합리성 원칙을 인정하는 새로운 첨단 산업사회에 도달할 수 있으리라는 희망을 품을 수 있다. '계약관계'를 통해 전통적인 신분과는 상관없이 개인 스스로 이룩한 공功을 근거로 판단하는 일이 가능해질 수 있기 때문이다. 근대화를 이런 식으로 해석할 수 있다면, 그 근대화가 성공하기 위해서는 시민 개개인이 권리를 지닌 한 개인으로서—고유의 실체로서—자기 자신을 인식하는 것이 절대적으로 필요하다. 동아시아의 주민들에게 이러한 자아에 대한 인식은 이미 자리를 잡기 시작했으며, 논리적으로는 정치적 발전이 그 뒤를 따라야만 한다.

하지만 불행히도 동아시아의 많은 국가를 살펴보면 개인의 자각과 시민사회의 발전을 어렵게 만드는 커다란 장애물들이 존재한다. 합리적인 생산성을 위해 과학과 기술에 힘입어 발전을 이룩하기는 했지만 사고방식이나 지각 방식의 변화는 아주 느리게 진행되어, 결국 근대성과 전통 사이에 깊은 골이 파인 것이다. 생산력은 도구적 합리성을 축으로 전개되는 데 반해 정치적·사회적 의식은 전통적인 가치 체계에 매달려 있다. 그래서 결국 경제 발전을 위해 기존 전통의 정치적·사회적 의식에 의존하는 일이 벌어지게 되는 것이다. 아주 뿌리 깊은 이러한 사고방식이 의사결정권자나 지도자 들이, 제도적 구조의 차원에서 방향을 정하고 실행을 하는 데 있어 결정적인 영향력을 발휘한다. 그 결과 대부분의 신생 민주주의 국가들은 민주주의와 권위주의의 모순적인 혼합물이 되어, 갈등에 휩싸이게 되고 관리하기도 어려워진다.

역사적으로 볼 때 그런 현상은 인간사회의 기본 특성 중 하나로 이해될 수도 있다. 물론 서구에서도 지난 2~3세기에 걸쳐 근대성이 이런저런 형태의 저항에 반복적으로 직면해왔으며, 오늘날 개발도상국에서도 같은 저항의 신호가 어김없이 나타나고 있음을 볼 수 있다. 문화적 상대주의 독트린이 품고 있는 갈등 요소가 그런 저항을 낳는 동력이 된다. 대부분의 개발도상국에서 볼 수 있듯이, 근대화가 필요할 때 전통적 정서들이 개혁의 반대편에 자리를 잡고 그 개혁들을 전통적인 체계 속에 흡수하려고 하는 것이다.

세계화 시대를 맞아, 다양한 문화가 공존해야 한다는 논리도 힘을 얻고 있다. 하지만 많은 나라의 경우, 그 논리 뒤에 근대화에 맞서 봉건적 전통을 고수하려는 의도를 숨기고 있다. 동아시아의 많은 지도자는 다른 나라들에 대해서는 관용을 요구하면서, 정작 자신들은 성장 이데올로기에 집착한다. 그리고 그 이데올로기를 지키기 위해서 권위주의적인 지배 형태, 결국 억압적인 지배 형태를 유지하게 된다. 전통적인 권위주의와 현대 기술이 만났을 때 반민주주의적인 테크노크라트technocrat 지배 체제가 오게 된다. 이런 식의 지배 형태는 사회로서는 정말로 최악이다. 가령 그 사회의 시민 문화가 당연히 경험했어야 할 것들, 요컨대 교육받을 권리, 언론의 자유, 이익집단의 활동, 인터넷을 통한 이의 제기나 참여의 길 같은 제도적 구조나 활동이 억압되거나 존재하지 못한 채 그런 지배 형태를 갖게 되었기 때문이다. 오늘날, 시민 문화가 발전해 시민들 스스로 그런 문화를 당연하게 받아들이기 위해서는 그런 제도적 구조나 활동이 필수적이다.

그러한 정치 지도자들이 진정한 민주주의적 제도를 억압하면서 내세우는 논리는 다음과 같다. 테크노크라시technocracy를 통해 경제가 안정적으로 성장하게 되면 결국 시민들의 "배가 부를" 수 있게 되고, 그 후에 민주주의의 자유와 책임을 채택할 수 있다는 것이다. 애초에는 그 논리가 확고히 견지되는 듯이 보이기도 한다. 하지만 시간이 흐르면서 개인들이 성숙한 시민의식을 갖는 과정이 진행되지 않는다는 사실이 분명히 드러난다. 이유는 간단하다. 물질적 풍요의 측면에서만 삶의 질이 높아졌기 때문이다. 민주 시민으로서의 시민의식이 결여된 상황에서 권위주의적인 정치 지도자는 사람들을 단순한 소비자로 만들어버리고, 그런 소비자로서의 시민은 정부 주도하에 효율적으로 경제성장을 이룩하는 것만이 능사라고 생각하게 된다. 그리고 그런 국가에서는 민주주의란 절실하게 필요한 것이 아니라는 논리가 세워진다.

시민들이 사고방식, 행동 방식의 주체로서 시민의식을 갖는 데 가장 큰 장애물은 바로 '소비'다. 물론 소비가 새로운 현상도 아니고 그것이 반드시 주체성을 억압하는 것도 아니다. 하지만 전이성이 있는 첨단기술로 인해 소비가 촉진될 때 소비 현상은 아주 쉽게 전체주의적인 모습을 띠게 된다. 마르쿠제가 서구의 근대 기술, 소비사회를 비판하면서 정확하게 지적했듯이, 미디어가 헛된 욕구를 만들어내고 그 욕구는 기술과학적인 혁신을 자양분으로 무럭무럭 자라나게 된다. 그 결과 노동자들은 기술 발전에 따라 자유로워지기는커녕 물질적 부를 향해 점점 더 커지는 욕구, 결코 만족할 줄 모르는 욕구를 채우기 위해 사회적으로 그리고 심리적으로 점점 더 많이, 점점 더 길게 일할 수밖에 없게 된다. 자유인이 되는 것이 아니라 일의 노예가 되는 것이다.

일반적으로 기술은 중립적인 것으로 간주된다. 기술은 도구이다. 근대화에 대해 긍정적이고 이상적인 비전을 가진 사람들은 '모든 시민이 모든 분야에서 양질의 삶을 누리는 데 기술이 중요한 주춧돌 역할을 할 것'이라는 장밋빛 전망을 내세운다. 하지만 유토피아가 사라진 오늘날의 세계에서 기술은 언제나 정치적이고 사회적인 통제의 도구가 되어왔고 지금도 그러하다. 점점 더 정교해지는 정보화 기술의 발전에 따라 보다 사려 깊은 시민의 지성은 마비되어가고, 소비가 온통 현실을 뒤덮은 채 재화와 서비스를 통해 시민의식과 의미가 사라지는 길로 이끌고 있다. 마르쿠제가 격렬한 비판의 필치로 정확히 묘사한 바 있는 이러한 악화된 개인주의[2]가 오늘날 신흥 시장국가들을 온통 물들이고 있다. 주체성에 대한 자각을 개발하고 발전시키는 데는 물질적 욕구 충족만으로는 불충분하다. 실제로 마르쿠제가 비판한 세상에서는 물질주의로 인해 타인들과 환경에 대한 무감각이 자라나게 되어 결국 삶 자체에 대한 두터운 무지와 무관심의 벽이 자리 잡게 된다. 마르쿠제가 비난하고 있는 사회는 제2차 세계대전을 겪은 이후 경제 부흥 시기의 소비사회, 즉 미국이다. 그가 묘사하고 있는 이 시기의 미국 사회는 튼튼한 중산층이 형성된 때이기도 하다. 이 시기에 중산층이 형성된 것은, 부분적으로는, 퇴역 군인들뿐 아니라 노동계층의 자녀들까지 고등교육을 받을 수 있게 된 덕분이다. 하지만 증가 일로에 있던 중산층이나 물질적 안락을 누릴 수 있게 된 노동계층은 새롭게 누리게 된 삶에 너무 만족한 나머지, 사회 속에 자리 잡고 있는 악惡의 존

---

2   Herbert Marcuse, *L'homme unidimensionnel*, Paris: Minuit, 1989.

재에 대해서는 조금도 걱정하지 않았다. 그 자손들은 일종의 자폐적 특질을 지니게 되었고, 1980년대의 "자아" 세대에서 절정에 이른다. 나중에 많은 개발도상국에서 이와 비슷한 현상이 되풀이되었으며, 이제 막 나타나기 시작한 나라들도 있다.

위기의 근대성

문화적 대립이 근대화의 진행을 약화시켜 갈등을 불러일으키기도 하지만 근대화의 속성이라고 할 수 있는 기술, 과학의 실현 자체가 근대성을 위험에 빠뜨리는 요인이 되기도 한다. 산업기술이 정보기술로 이행되는 과정은 근대성이 앓고 있는 위험을 가장 잘 보여주는 예가 될 수 있다. 뛰어난 기술철학자인 돈 아이디Don Ihde는 1980년대를 메가 산업기술로부터 정보기술로 이행한 시기로 보았다.[3] 물론 산업국가에서 이러한 이행이 주목받지 않은 채 은밀하게 진행된 것은 아니다. 하지만 오늘날에도 두 패러다임은 대부분의 개발도상국 안에 공존하고 있다. 아시아 신흥 산업국가의 대도시에는 컴퓨터와

---

3 Don Ihde, "Philosophy of Technology, 1975~1995," *Journal of Philosophy & Technology*, Vol. 1, no. 1/2(autumn 1995), Blacksburg, VA: Society for Philosophy and Technology, 1995.

인터넷의 사이버 세계, 다시 말해 실제가 아닌 가상현실이 많은 도시인의 삶의 중심에 있다.

일상생활을 타성적으로 정보 세계에서 보내는 사람들의 지각과 사고, 더 나아가 행동을 지배하는 것이 가상의 공동체이며, 그런 식으로 그들의 정체성이 형성된다는 사실을 여기서 새삼 강조할 필요는 없을 것이다. 정보 문화가 모든 국가의 시민들 삶 속에서 가장 결정적인 힘이 되리라고 사회학자들이 경종을 울린 것은 그다지 오래전 일이 아니다.[4] 오늘날 그 예언이 적중하고 있음을 동아시아의 젊은 세대, 수많은 개인에게서 볼 수 있다. 중국에는 수천만 명의 인터넷 이용자가 있어 그 수에서 미국의 뒤를 바짝 쫓고 있으며, 일본이 그 뒤를 따르고 있다. 또한 한국은, 적어도 이 글을 쓰는 시점에는, 독일을 바로 뒤쫓으며 5위의 순위를 유지하고 있다.

이제 막 산업화를 이룩해 겨우 첫발자국을 떼기 시작한 나라들에서 어떻게 정보화가 그렇게 급속히 이루어져 그토록 중요한 역할을 하게 된 것일까? 동아시아의 개발도상국에서는 하위층과 중산층 사이의 간극이 어느 때보다 커짐에 따라 위험과 혜택이 공존하고 있다고 말할 수 있다. 하위층은 산업화를 이루기 위한 대가를 고스란히 지불하는 데 반해, 중산

4 Tim Jordan, *Cyberpower*, London: Routledge & Kegan Paul, 1999.

층은 정보망 속에 사로잡혀 있는 것이다. 동아시아의 많은 나라의 경우, 사이버 세계에 들어갈 여력을 갖춘 중산층이 충분히 많이 존재하며, 그런 계층이 증가함에 따라 일터뿐만 아니라 가정에서까지 인터넷 이용자 수가 늘어나고 있다. 그리고 일련의 정부 규제에도 불구하고 휴대폰, 블로그, 토론 광장, SNS 등을 통해 대규모 항의 집회가 열리는 것이 가능해졌다.

이런 방식으로 한국의 젊은이들은 금세기 유례가 없는 반정부 집회를 조직할 수 있었다. 하지만 저명한 사회학자들과 정치평론가들은, 인터넷의 잘못된 정보들이 작은 마을의 소문보다 더 빨리 퍼질 수 있다는 것, 그 결과 정열을 무엇보다 우선시하는 젊은 학생들을 자극해 그들을 항의 집회에 전자공학식으로 쉽게 동원할 수 있다는 점을 이미 지적한 바 있다. 인터넷상의 토론 광장이 어떤 질문에 대한 찬반 논쟁이 벌어지는 뛰어난 장소가 될 수 있다는 것은 이론의 여지가 없지만, 이 경우에는 전혀 그렇지 않다. 어떤 비판적인 의견을 가지고 인터넷상의 토론 광장에 참여하게 되면 환영받기는커녕, 함부로 배척당하는 것이 일반적이다. 인터넷상에서 일부 청소년들의 즉각적이고 격렬한 욕구 충족 현상은, 맹목적 물신숭배에 빠져 감정적 분출을 일삼는 샤머니즘의 히스테리를 연상시킨다. 사이버 기술을 통한 현대의 소통수단들은 좋은 명분을 내세우든 나쁜 명분을 내세우든 맹목적이 될 수 있다.

또한 정보기술이 발달한 나라의 일부 청소년들은 하루 16~17시간씩 비디오게임에 빠져 있다고 한다. 한국에서는 절망한 부모들이 아이들에게 스포츠나 힘든 육체 활동을 시키려고, 또는 야외 활동을 통해 보다 모험적인 경험을 하게 하려고 캠프 같은 곳에 보내기도 한다. 그곳에 머무는 동안에는 인터넷 사용이나 텔레비전 시청이 금지된다고 한다. 이처럼 사이버 공간에 지나치게 중독된 청소년들을 위한 캠프는 가혹한 수단처럼 보이기도 한다. 하지만 수백만 명의 젊은이가 정보의 옳고 그름에 대해 신중하게 판단을 하기보다 잘못된 정보를 맹신한 채 시위를 하기 위해 모여, 손에 촛불을 든 채 도시를 점령하는 모습을 보는 것 역시 무섭기는 마찬가지다. 근대성 속에서 지표를 잃어버렸기에 그런 일이 벌어지는 것인가, 아니면 근대화의 발전 자체가 우리를 배반한 것인가?

새로운 기술은 새로운 소통 방법, 새로운 사고방식, 타인 및 자기 자신과 새롭게 접촉하는 방식을 마련해준다. 그런 일은 언제나 당연히 벌어진다. 사실상 기술이 사회로부터 개인들을 격리시키고 상호주관성을 상실하게 만든다 할지라도, 그와 마찬가지로 새로운 기술은 사람들을 결집시킬 수도 있다는 것을 인정해야 한다. 새로운 기술은 사람들을 협력하게 만들 수도 있으며, 그것을 가능하게 할 새로운 사고방식, 새로운 개념을 창출해내어 상대방을 배려하는 속 깊은 생각과 행동을 유도하는 새로운 규범을 만들어낼 수도 있다. 인간사회가 성공적으로 발전하기 위해 필요로 하는 인간적 가치들을 위해 기술혁신이 봉사할 수 있는 방법은 다양할 수 있으며 당연히 그 모든 것이 수용될 수 있다. 하지만 오늘날의 사회는 대체로 자유에 따른 책임에는 별로 익숙지 않고 시장의 지구화와 세계화에 따른 경쟁의 측면에 잘못 길들여져, 올바른 사회가 되기 위해 필요한 내적 동력을 갖추고 있지 못하다. 시민들에게 주체성을 교육시킬 책무는 누구에게 있을까? 근대성과 근대화를 단호하게 택한 나라가 어떻게 시민들 스스로 주체성을 인식할 수 있는 길로 기꺼이 나아가도록 도울 수 있을 것인가? 마르쿠제는 우리가 해야 할 일을 직접 제시하기보다는 우리가 해서는 안 될 일을 말해주었다. 근대화의 길목에서 앞으로 나아가기 위해서는 배부른 노동자 계층이나 자기 자신에게만 몰입해 있는 중산층에게 기대해서는 안 된다는 것이다.

불행히도 근대성이 가져온 위험은, 기술이 소비와 너무 쉽게 결합해 자각 없고 무능한 시민들을 만들어낸다는 사실에 국한되지 않는다. 근대화의 도구인 기술은 다른 위협을 보여주기도 하는데, 대표적인 것이 지구 전체를 파괴할 수 있는 무기 개발과 그 사용 문제이다. 하지만 근대성이 겪고 있는 이런 커다란 위험 뒤에는 진정한 죄인이 숨어 있으니 그것은 바로 근대성 그 자체이다. 자연을 지배하고 시장을 위한 새로운 돌파구를 끊임없이 창출해내려는 연구 자체가 어떤 집단 살상 무기보다 더 위험한 것으로 간주될 수 있기 때문이다.

권력구조나 힘에 아주 많은 영향을 줄 수 있는 개념이라면 어떤 것이든 비판적 해석의 대상이 되어야 한다. 사실상 그 개념이 살아남을 수 있는 희망은 비판에 답할 수 있는 능력, 그래서 진로를 바꾸면서 새로워질 수 있는 잠재력이 있느냐에 달려 있다. 그 외에도 하나의 개념은 역시 권력에 영향을 주는 다른 세계관들에 맞서 자신의 입지를 변호할 수 있어야 한다. 그와 다른 세계관들은 이미 공고히 자리를 잡고 있는 현실적 실천 양상 속에서 그 개념이 새롭게 전개되는 양상들을 흡수하는 경향이 있다. 나는 근대성을 도입하면서 그것을 독재정치나 다른 형태의 권위주의로 특징되는 전통적 구조에 적용시키려고 애쓰는―최근에 근대화된―국가들의 경우를 살펴보면서 이 문제를 이미 다룬 바 있다. 우리는 근대성 내에서도 그러한 경우를 명백하게 재발견할 수 있다. 근대화는 아직도 완전히 사라지지 않은 식민주의라는 유령, 규칙적으로 되살아나는 민족주의라는 유령, 근대화가 첫발을 디딜 때 한껏 위세를 떨쳤던 강한 권력이라는 유령과 늘 싸워야만 했다. 오늘날의 근대성은 식민주의와 민족주의가 동시에 접목되면서 고통을 겪고 있다. 또한 근대성을 옹호하는 사람들 자체의 지적 능력, 즉 변화의 흐름을 충실히 따르면서 근대성의 새로운 기획이 지구와 지구 주민들에게 가져올 결과를 알아볼 능력이 결여되어 있기에 근대성은 위험하다.

애초에 근대화란 만인에게 자유를 제공하는 수단, 특히 자연을 다스리는 수단으로 촉진되었다. 자연을 다스린다는 것은 바로 자연이 가져올 수 있는 피해를 감시하고 인간이 필요로 하는 것, 원하는 것에 답하도록 자연을 변화시키는 것이었다. 이런 관점이 아직 우세하기는 하지만, 20세기 후반 들어 과학과 기술의 가속적인 발전으로 시장이 전 지구적 차원으로 확장되면서 심각한 환경 피해를 유발할 위험이 있음이 과학적으로 입증됨에 따라 그 입지가 점점 좁아지기 시작했다. 또한 이러한 피해와 그로 인해 사람과 환경이 치러야 할 대가에 대한 평가가 이루어지면서, 이번에는 모든 시민의 복지를 아직 염두에 두지 않는 사회의 불평등을 근대화 자체가 유발해온 것은 아닌지, 지금도 유발하고 있는 것은 아닌지 처음으로 주목하기 시작했다.

시장의 무책임한 발전으로 야기된 사회의 황폐화에 대한 완화제로 자리 잡은 것이 바로 복지국가 개념이다. 복지국가의 역할이란 한편으로는 상업 활동 및 성장과 사회적 요구 간에 균형을 유지해주는 것이며, 다른 한편으로는 부를 재분배하는 것이다. 일반적으로 복지국가란 근대국가가 시민들의 행복을 제도적으로 책임지는 것으로 이해된다. 제2차 세계대전이 끝나자 대다수의 국가가 근대성의 문제를 해결해줄 기본 열쇠로서 일제히 복지국가 개념을 들고 나왔다. 그리고 누구나 건실한 교육을 받을 수 있게 해주는 것이 사회의 유동성을 촉진시키는 유효한 수단으로 간주되었다. 또한 누구나 사회보장을 받을 수 있게 해주는 것, 가스, 석유, 전기 등을 비롯해 식량이나 주택 등 기본 생활 욕구들을 충족시키는 것도 마찬가지 수단으로 간주되었다. 노동조합 같은 조직의 합법화, 노동자보호법 제정 역시 근대성의 성공을 위해서는 필수적인 것으로 판단되었다. 이런 체제하에서라면 근대국가의 가난한 이들은 구제되는 것이 마땅하다. 그런데 거의 대부분의 제도는 중산층과 노동계층의 계층 이동 가능성을 촉진하기 위해 고안되었다. 1980년대에 신자유주의가 대두됨에 따라 이제는 아무도 시민 전체의 복지에 대해서는 신경을 쓰지 않게 되어버렸다. 가장 부유하고 번영을 누리고 있는 많은 나라에서, 사회 구제를 위해 설립된 단체들은 법적 보호에서 벗어나 해체되었으며, 그에 호응하는 법률들도 폐기되었다.

근대화와 그 흐름 중의 하나인 신자유주의의 증대 현상에 내재해 있는 위험을 알게 된 바로 그 위기의 시기에, 많은 국가가 근대화 기획에 뛰어들기로 결정했다. 근대화가 몰고 올지도 모를 위험은 전혀 의식하지 못한 채 그 국가들은 결핍에서 벗어난 보다 자유로운 삶을 향한 희망에 사로잡혀 그 투기장으로 뛰어들었다. 하지만 우리가 앞서 지적한 대로 그 국가들은 시민사회가 성숙하지도 못했고 그에 걸맞은 제도적 장치도 없었기에 국가 내의 부조화에 귀를 기울일 수 없었을 뿐 아니라, 자신들이 도입한 근대화 방법이 복지사회로 이끌기는커녕 오히려 빈곤화를 초래했을 때도 대체 수단을 통한 해결책을 찾을 수가 없었다. 게다가 근대성의 오랜 역사를 지닌 산업국가들도, 물질적 여유를 지속적으로 유지해나갈 방법을 보여주는 성공적 모델이 될 수 없었다. 오늘날 근대성이 붕괴된 주요 원인을 서구 산업국가들에서 복지국가 개념의 점진적 해체에서 찾는 비판적 견해들은 틀린 것이 아니다. 물론 지구 생태계의 점진적 파괴 현상처럼 다른 치명적 원인들도 무시되어서는 안 된다.

근대성으로 인해 겪고 있는 위험에 대한 반응은 아주 다양하게 나타난다. 어떤 사람들은 근대성의 문제들과 신자유주의 경제의 지구화에 따른 문제들이 근대성 개념 자체에 내재해 있다고 생각한다. 예를 들어 자본주의와 근대성은 지구에 살고 있는 모든 사람에게 필연적으로 생태적 파괴, 불의와 오류를 초래할 수밖에 없고, 시장도 그 길을 걷게 될 것이며, 결국 근대성은 더 이상 발전할 수 없다고 생각하는 것이다. 또 어떤 사람들은 아주 냉소적으로 역사가 불의와 오류를 끝장

내고 나면, 즉 지구가 파괴되고 나면 이미 고갈된 자원의 대체제를 다른 곳, 예컨대 우주 공간 같은 데서 찾게 될 것이며, 파괴된 곳에서 살아남은 자들은 기존과는 다른 삶의 방식을 찾게 될 것이라는 논리를 전개하기도 한다. 또 어떤 사람들은 근대성에 도달하기 위해 사용된 방법들은 정당화될 수 없으며 근대성의 허상이 드러난 만큼 그 목표 또한 정당화될 수 없다고 선언하기도 한다. 그리고 목표를 생태적인 근대화로 수정해야 하며 그러한 근대화만이 실현 가능한데, 몇몇 새로운 기획 속에 그러한 조짐이 나타나고 있다고 확신한다. 더 나아가 절제된 생태적 근대화를 실천할 수 있을 때에만 인간은 물론 그 환경 모두에게 공정한 모델을 창조할 수 있다고 주장한다. 이러한 확신들은, 너무 늦지 않았다면 우리가 근대성을 근본적으로 완전히 다른 방법으로 마주할 수 있을 때에만 실현될 수 있다.

주체성으로서의 근대성

마치 다른 별에서 온 머리 좋은 방문객 같은 입장들로부터 너무 단번에 빠져나오려는 단언처럼 보일지도 모르지만 핵심적인 지적은 해야겠다. 근대성의 가장 두드러진 특징은 한 주체가 자신의 실존에 대해 당사자로서의 의식을 지닌다는 데 있다는 지적이다. 서구의 몇몇 역사가는 자아 의식이 한편으로는 프랑스 대혁명이라는 정치적 형태로, 다른 한편으로는 독일의 관념론이라는 지적인 형태로 처음 표명되었다고 주장한다. 이런 역사적인 관점에서 볼 때, 오늘날 신흥 산업국가 및 세계 도처에서 일어나고 있는 개인화 현상을 바라보면서, 우리는 사회구조의 급속한 합리화로 야기된 개인적이고 집단적인 정신구조의 거대한 변화가 과연 어떠한 것인지, 어느 때보다도 훨씬 더 진지하게 성찰해봐야 할 필요성을 느낀다.

나는 이 책을 통해 철학을 현실과 연결시키려는 시도를 하는 중이다. 그 하나로, 칸트와 헤겔이 자신들이 살았던 시대의 정치적·사회적 상황들을 관찰해 내놓은 몇몇 인간학적 개념을 검토할 것이다. 칸트의 인식에 관한 초월적 이론이 내포하고 있는 문제들 중에는 창의적인 자발성으로서의 주체성 문제가 있다. 자신의 주체성을 의식하는 개인만이 자율성과 자유를 획득할 수 있는데, 칸트는 그러한 자율성과 자유를 정치철학에 필요불가결한 것으로 간주했다. 칸트가 볼 때, 인간 존엄성의 유일한 특성은 바로 주체성에, 즉 의식과 자유로운 결정과 자기동일성의 유연한 통합에 있다.

칸트의 저술들을 읽다 보면 그가 마을 몇 킬로미터 밖으로는 나가본 적 없이 평생을 한곳에서만 지냈다는 사실을 믿기 어렵다. 우리가 지금 손쉽게 사용하고 있는 그 어떤 소통수단의 도움도 없이 그는 자신이 사는 마을, 나라, 더 나아가 유럽 밖의 세계에 대해 너무 잘 꿰뚫고 있었기 때문이다. 자신만의 세계에 갇혀 거기에 만족하고 있는 오늘날의 시민들이라면 누구나 부끄러워해야 할 일이다. 칸트는 멀리 떨어진 지방에 시장을 열기 위해 사용된 노예제도, 전쟁, 탄압 수단들 모두에 대해 거세게 항의했다. 그는 모든 인간은 자율적이며 합리적인 주체라는 기본 신념을 결코 굽히지 않았다. 칸트는 국가들을 연방의 형태로 모으는 조직을 통해서만 근대성이 실현될 수 있고 지속될 수 있다고 보았다. 그가 상상하던 연방이란 대다수의 유럽인이 미개인sauvage들이 살고 있다고 간주했던 국가들도 포함하는 것이었다. 칸트에 따르면 유럽인들의 관습은 "미개인"들의 관습보다 '야만적barbare'이라는 것이다. 「영구 평화를 위한 최종 제3논고」에서 그는 **"범세계적인 권리는 보편적인 환대hospitalité를 위한 것일 때라야 제한될 수 있다"**라고 규정했다. 인권은 절대로 제약받을 수 없는 것이지만 상호 환대를 위한 경우라면 제한될 수도 있다는 것이다. 그는 이 글에서 어떤 국가든 다른 국가들과 교역을 원하는 것은 당연하지만, 단 상호 환대의 조건하에서 이루어져야 한다는 깊은 신념을 표명했다. 그는 이어서 상호 환대의 원칙을 실천할 수 있어야만 앵글로-유러피언 국가들이 미지의 이방 국가들을

"임자 없는 나라인 양" 다루지 않을 것이며, 정복과 약탈을 당연한 듯 여기지 않을 것이라고 썼다.[5]

국가 간의 상호 환대 관계의 필요성과 가능성을 역설한 칸트 자신이, 한편으로는 인간존재 내부의 갈등적인 속성과 투쟁적인 속성을 잘 의식하고 있었다. 그가 유명해진 것은 인간성 내의 "비사회적 사회성ungesellige Geselligkeit"[6]을 분석한 글을 통해서였다. 칸트는 한 인간이 문명화된 인간인지 아닌지를 드러내는 가장 중요한 징표는 그가 사회 속으로 들어가기 위해 자신의 반사회성을 제어할 능력이 있는가의 여부에 달려 있다고 보았다. 인간은 살아남으려면 사회를 이루며 더불어 살아가야만 한다는 것을 알게 됨으로써 개인적으로 이런 능력을 습득할 수 있게 된다. 조만간 국가들도 거기에 이르게 될 것이고, 같은 이유로 영원한 **평화**를 유지하기 위해서는 그러한 생각에 도달해야만 한다. 칸트가 약소국이나 저개발국가들을 상대로 유럽의 상업계가 저지른 횡포에 대해 지적했을 때의 모습은 마치 오늘날의 문제점들을 예언하고 있는 듯하다. 물론 그는 그런 문제점들이 오늘날까지 지속되기를 기대한 것은 아니다. 그는 범세계적인 조직들이 여기저기 자리

---

5 Immanuel Kant, *Projet de paix universelle*, Paris: Vrin, 1992, p. 31 참조.

6 Immanuel Kant, "Idée d'une histoire universelle au point de vue cosmo-politique," *Œuvres Philosophiques*, t. II, Paris: Gallimard, 1985, p. 192.

를 잡아 자신이 그린 상호 환대의 세상이 오는 것을 기대했을지도 모른다. 칸트는 인간의 이성에 호소하여 결국 인간 종족이 자멸에 빠지는 것을 막을 수 있으리라는 계몽주의 철학자들의 믿음을 공유하고 있었다. 이제 그의 낙관주의가 타당한 것인지 검토해보자.

오늘날 인류에 대한 범죄를 단죄하기 위한 국제법이 존재하지만, 그 법이 각국의 지역법과 충돌을 일으키게 되면 이의 제기를 받는 일이 종종 발생하며, 대부분의 국제법은 지역법과 상충하는 것이 일반적이다. 우리는 국가와 국가 간의, 국가와 시민들 간의 상호 환대를 보장해주는 그 어떤 범세계적인 조직이 없었다는 것을 아쉬워할 수도 있다. 그 대신 시민사회가 다양한 형태의 비정부기구를 통해, 오늘날 근대화의 모델들이 국가들 내부에, 혹은 국가들 간에 초래한 유례없는 불평등을 치료하기 위해 애쓰는 모습을 볼 수 있다. 그리고 일종의 범지구적인 지배 형태를 갖추고, 범지구적인 조직과 법제를 통해 보다 많은 사회적·환경적 정의를 도출하기 위해 애쓰는 모습을 볼 수도 있다. 세계 도처에서 개인들과 기구들이―물론 유엔을 포함해―영속적인 **평화**를 실천하기 위한 공간을 만들려고 애쓰고 독려하고 있지만, 유감스럽게도 세계 각국은 아직 거기에 이르지 못하고 있다. 근대화가 국가 간의 경계선을 열어놓긴 했지만 국가 내의, 또한 국가 간의 문화 장벽이나 계층 장벽 허물기는 아직 요원하다고 할 수 있다.

칸트가 전쟁, 식민 통치, 야만스러운 마케팅의 실행으로 인해 자연이 파괴될 수 있다고 쓰기는 했지만 그가 해석한 근대성이 어느 날 지구의 생명 자원까지 실제로 사라지게 만들 수도 있다고 생각했다는 증거는 어디에도 없다. 그렇지만 인류가 결국은 인간 사이의 부조화를 조절하여 사회 내의 평화에 대한 생각을 품고 그런 평화를 만들어 유지시켜나갈 수 있다고 칸트가 생각했다면, 그의 메시지는 환경 보존이라는 관점에서 근대성을 재검토, 수정하는 일에서도 같은 의미를 지닐 수 있다고 생각한다. 지구 환경과 인류 환경을 보존하는 일을 동시에 보조를 맞추어 진행하는 데 어떤 어려움도 없을 것이기 때문이다. 게다가 그가 유럽의 상업적 기업으로 인해 이른바 미개 지역이 파괴되는 것에 대해 항의했을 때, 그는 지금도 여전히 유효한 "환경 정의正義"라는 개념을 예고한 셈이기도 하다. 하지만 불행하게도 그러한 환경 파괴의 피해자들과 파괴의 주역들의 수는 증가 일로에 있으며, 피해자와 파괴자의 이름이 변하거나 아예 뒤바뀌기까지 할뿐더러 지구 어느 한 지역의 파괴가 종국에는 지구 전체를 파괴하는 일이 될 것이라는 경고를 받을 수밖에 없는 지경까지 이르렀다.

한 사회와 그 구성원의 관계에서 헤겔이 주체성을 실현할 수 있는 기본 촉매제로 삼은 것이 바로 노동이다. 노동은 우리를 자연이라는 대상과 연결시켜주고 우리의 이웃과도 연결시켜준다. 타인들을 상호주관성의 관계로 자신의 지배하에 둘수 있게 만드는 것도 노동이지만 헤겔은 결국 그 피종속자가 자신의 노동 가치에 대해 자각하여 반항할 수 있을 때 자기 주체성에 이르게 된다고 확언했다. 나는 앞서 칸트에 대해 말했듯이, "환경 정의"의 문제도 헤겔이 내린 종속 관계에 대한 정의定義로부터 전개될 수 있다고 덧붙이고 싶다. 물론 이상적이기는 하지만, 노동이 지닌 공동체적이고 상호적인 성격은 개인들을 건설적인 관계로 맺어준다. 노동은 집단적으로 실현된 인간 잠재성의 객관화이다. 헤겔은 한 개인이 노동을 통해 자신이 기대했던 인정을 남에게서 받을 수 있게 되는 것은 노동이 협력의 결과이기 때문이라는 것을 즐겨 강조했다. 집단 내에서 노동의 분화를 통해 개개인은 집단 전체의 성공에 필요불가결한 존재가 되며, 그러한 분업이 평등한 개인 간의 상호 인정의 필요성을 증대시켜주기도 한다.

호모 라보란스homo laborans(노동하는 인간)로서의 인간에게 상호 인정이 존재한다는 것은, 주체들이 서로 책임을 지닌 자율적 개인이 된다는 것을 의미한다. 인류가 처음 집단을 이루어 살던 시기에 노동의 끝에는 저녁 무렵의 휴식이 기다리고 있었고, 식량과 음료의 분배가 기다리고 있었다. 그 잔치의 순간, 노동의 힘겨움은 사라지고 놀이, 다시 말해 존재하지 않는 것을 상상하는 일이 시작된다. 대체 현실을 탄생시키는 이런 기능은 기본적으로 인간의 속성에 해당하는 것이며 그 놀이는 노동과 연결되기도 한다. 노동이 상상계의 꿈을 현실로 바꿀 수도 있기 때문이다. 인류의 위대한 문명들은 그렇게 탄생된 것이다. 그렇게 탄생한 문명은 타락하거나 일그러질 수도 있는데, 상상력이 관념에 매수되어 그 관념이 비사회적 사회성이라는 인간존재의 이율배반적인 정원에 싹을 틔우게 되기 때문이다.

칸트와 헤겔 모두 그 당시에 꽃핀 시장경제의 결과를 아주 잘 의식하고 있었다. 그들이 주체성을 가리켜 한 개인이 타인들과 독립적으로 혹은 협력하여 사유하고 행동할 수 있는 자신의 능력에 대해 자각하고 의식하는 것을 의미한다고 설명한 것은, 분명 혼란스런 격동기 독일 사회의 근대화가 낳은 문제들에 반응한 결과였다. 헤겔은 시장이라는 기계 속에서 개인이 사물화되어 톱니바퀴처럼 다루어지는 그런 사회에서의 국가의 초월성을 주장하기도 했다.[7] 그가 꿈꾼 사회란 개개인의 주체성을 고취시키는 동시에, 개개인이 자유로운 생각을 가지

---

7 G. W. F. Hegel, *Dokumente zu Hegels Entwicklung*, Hoffmeister(ed.),
   Stuttgart: Fromann, 1936, pp. 219~10(Shlomo Avineri, *Hegel's Theory of the
   Modern State*, Cambridge: Cambridge University Press, 1972, p. 11에서 재인
   용).

고 있음을 보편적으로 인정하는 사회였다. 헤겔보다 훨씬 뒤에 등장한 자본주의 비판 이론에서, 인간의 모든 행동에는 주체성이 존재한다는 더 많은 증거가 있으므로 그것을 계속 살리는 길로 나아가야 한다는 주장을 보게 될 때 우리는 헤겔이 했던 생각의 메아리를 듣는 듯하다. 또한 지구상에 존재했고 지금도 존재하는 가장 권위적이고 탄압적인 국가들에서 인간의 주체성, 자유 결정이 목 졸리고, 입 막히고, 손상되었을 때에도 그런 것들의 징표는 여전히 사라지지 않고 유지될 수 있다고 주장할 수 있다.

오늘날 철학의 임무는 근대성 내에 주체성과 역동적인 상호주관성이 다시 자리 잡을 수 있게 하는 것, 그래서 환경에 재앙을 가져올 모든 기도企圖들——전쟁은 물론 끝도 없는 자본주의의 소비 욕구를 만족시키기 위해 자행되는 환경 파괴도 포함해——과 맞서게 하는 것, 상상력과 창의성, 감정이입과 이성, 행동의 자유와 성찰력을 마비시키는 정보사회의 꿈에 맞서게 하는 것, 바로 그것이다. 한마디로 어떤 식으로든 근대성을 재상상하고 재가동시켜, 근대성이 자폭의 길을 걸은 끝에 인류를 추락시키는 일을 막는 것, 그것이 철학의 임무이다.

보편적인 주체성을 옹호하기 위해, 그리고 그것이 우리의 삶을
변화시키고 우리의 삶에 영향을 줄 수 있음을 옹호하기 위해
근대성의 개혁에 관해 내가 말했던 많은 부분을 여기서 또 되
풀이하게 된 점을 양해해주기 바란다. 근대성은 동아시아를 넘
어서도 똑같이 적용될 수 있지만, 그 정도가 나라마다 다양한
만큼 개혁의 적용 방법, 혹은 개혁 자체도 다양할 수밖에 없다.

근대성의 목표는 '인권'이라고 합의가 이루어진, 권리들 앞
에서의 모든 사람의 평등이다. 이러한 권리들은 개인적이고
집단적인 주체성의 성숙 과정과 한몸을 이룬다. 나는 주체성
이라는 단어를 개개인이 독립적으로 사유할 수 있으면서 동
시에 다른 사람들과 실천적인 문제에 대해 토론할 수 있는 능
력으로 이해한다. 주체성이란 단지 자아를 의식하는 것만을
의미하지 않고 자기 자신의 도덕적 책임까지도 자기 자신의
행동과 지위의 동인動因으로 의식하는 것을 의미한다. 이러한
주체성은 단 하나의 정체성이 아닌 다수의 정체성을 가질 수
밖에 없다. 개개인은 각기 다양한 역할을 수행하고, 국적이나
취미도 다양하며, 아주 다양한 집단에 소속되어 각기 그 집단
의 일부를 이룬다. 한 개인이 자기가 속한 세계로부터 멀어져
다른 세계에 더 많이 참여하면 할수록 그는 자신의 정체성을

그만큼 더 넓히고 다양하게 만들 수 있으며, 그렇게 넓어진 정체성 덕분에 다른 사람들과 더 잘 연결될 수 있고 타인들의 정체성을 향해 열릴 수 있다.

근대성의 스키마 내에서 세계 차원의 상업 활동이 범세계적 시민들에게 번영과 평화를 가져오는 데 기여할 수 있다고 보는 것이 일반적이다. 그러한 활동 덕분에 아주 다양한 문화, 관습, 사상 들을 접할 수 있고, 그 결과 다양한 면을 지닌 정체성이 진화할 수 있기 때문이다. 칸트는 범세계주의에 대한, 그리고 그것과 영속적인 **평화**의 관계에 대한 성찰 끝에 세계 시민들의 평등은 세 단계를 따라 실현될 수 있고, 각 단계에는 그에 합당한 법제가 뒤따라야 한다고 보았다. 첫째는 자유로운 공화국이며, 다음은 자유로운 공화국 간의 연방이고, 마지막은 세계 전체가 그 연방에 참여하는 것이다. 전 지구인이 합법적으로 평등을 누리는 세번째 단계는 앞선 두 단계를 전제로 한다. 칸트에 따르면 이 세상의 모든 국가가 일단 국제적인 법제화 수준에 이르면 국가 간에는 "이제부터 다른 것보다 우선시되는 지구촌 주민들의 관계가 맺어져 [……] **단** 한 곳에서 위반 사태가 벌어지더라도 지구 전역에서 그것을 함께 느끼게 되기 때문이다."[8]

8 Immanuel Kant, *Projet de paix universelle*, p. 33.

칸트는 국가 간에 차이를 존중하고 상호 환대를 담보하는 법적인 조치가 절대적으로 필요하다고 보았다. 그래야만 국가 간의 관계와 상업 교역이 평화롭게 이루어져 함께 조화로운 삶을 영위하는 것이 가능해지고 모두에게 주체성을 담보해줄 수 있기 때문이다. 그러나 그 세 단계는 일률적인 방법으로 실현되지 않으며, 각 단계가 연이어 실현되는 것도 아니다. 게다가 인간 내부의 비사회적인 성향 때문에 그 단계들은 언제나 점진적으로 진행된다. 그러나 일단 최선을 다해 첫 단계 목표에라도 진입하면, 즉 더 민주주의적인 공화국을 실현하게 되면, 다음 두 단계에 이르는 것이 훨씬 더 쉬워질 수 있다. 그러므로 진정 올바른 근대화를 이루기를 열망하는 국가라면 자신들의 통치 형태 내에서 민주주의를 실천하고 민주적인 제도를 마련할 만한 마땅한 공간이 어디에 있는지—비록 처음에는 전통적인 제도와 관습과는 어울리지 않는 것처럼 보일지라도—열심히 찾아보는 것이 바람직하다.

칸트가 내세운 환대라는 개념은 당연히 수많은 해석의 대상이 되어왔고 지금도 그러하다. 칸트는, 환대란 처음 만나는 이방인을 일정 기간 함께 지낸 자국민처럼 대하는 것이라고 간단하게 말했을 뿐이다. 칸트가 국가 간 연방 관계를 맺은 공화국 주민들에게 기대한 것은 그들이 서로의 말에 경청하고 상호 존중하는 관계였다. 따라서 이방인을 자국민처럼 대한다는 것은 이미 상호 존중의 의미를 담고 있다. 핵심은 바로 '상호적mutuel'이라는 단어에 있다. 이방인의 의무는 본토 주민의 의무와 똑같은 것이다.

사람들은 많은 것을 공유하고 있는 나라들, 예컨대 동아시아 국가 간에는 상호 환대의 관계를 맺는 데 그다지 어려움이 없을 것이라고 믿는 경향이 있다. 실제로 많은 서방 국가들은 새로운 세기에는 아시아가 다른 국가들보다 선두에 서게 될 것이라고 생각한다. 무엇보다 아시아가 기꺼이 근대화의 길로 진입했으며, 또한 뒤늦게 들어선 만큼 이전에 서구가 범했던 오류들, 예컨대 악성화의 길을 걷다 공격적이게 된 민족주의로 야기된 오류 같은 것들을 범하지 않을 것이라고 보았기 때문이다.

그러나 최근에 동아시아 연방 설립 기도는 수차례에 걸쳐 포기될 수밖에 없었다. 하나 혹은 여러 나라가 주도권을 잡으려 했고 제각기 자국의 우월권을 내세웠기 때문이다. 국제평화를 위한 카네기 국제평화재단(CEIP: Carnegie Endowment for International Peace)에서 초청 연설을 한 조슈아 커랜치크 Joshua Kurlantzick는 아시아 국가 간의 천박한, 때로는 유독한 맹신 때문에 반복해 일어나는 위기의 목록들을 나열했다. 쿠를란치크에 따르면 상황은 이러하다. "민족주의의 유혹, 권력에 대한 집착 등이 협력 요청들을 모두 휘청거리게 만들고 있다."[9] 아주 오래전의 증오심, 때로는 최근의 증오심을 들쑤셔 대면서 협력을 무산시키거나, 그런 시도 자체를 우스꽝스러운 꼴로 만들어버린다. 더 심각한 것은 그러한 증오심이 국가 간에만 존재하지 않고 국가 내부에도 존재한다는 사실이다. 정치가들은 국가의 지난 잘못은 교과서에 나오지 말아야 한다고 굳게 믿는다. 심지어 대학에서도 많은 학생은 자신들이 태어나기 전에 정부가 자국민들이나 다른 나라 시민들에게 저지른 잔혹 행위에 대해서 무지하다. 커랜치크는, 비록 많은 서방 국가가 역설적이게도 그들이 목격한 아시아의 성취를 놓고 21세기는 아시아의 리더십 시대가 될 것처럼 생각하고 있는데, 자신이 보기에 아직은 전혀 그럴 것 같지 않다고 단언한다.[10] "미국의 시대에서 아시아 시대로 넘어갈 것이라는 [서방 국가들의] 예측대로 아시아 국가들은 모든 산업"을 발전시키기에 이르렀다. 만일 아시아 국가들이 이러한 예측을 이 세상 다른 국가들이 생각하는 그대로, 자신들의 잠재력 차원에서 연구하기 위해 규합하게 된다면 어떤 일이 벌어질까? 아시아 국가들이 근대성의 가장 고결한 목표, 즉 평등과 모든 시민의 주체성이라는 목표를 품은, 그런 근대성의 실현을 위해 합의

9 Joshua Kurlantzick, "So Far, It Just Isn't Looking Like Asia's Century," *The Washington Post*, 7 September, 2008.

10 같은 글.

에 도달하게 된다면 과연 어떤 일이 벌어질까?

그러나 아시아 국가의 정부들은 어제와 오늘의 많은 국가와 마찬가지로 잘못된 논리를 바탕으로 근대화에 접근하고 있다. 그럼에도 불구하고 평등과 인권 개념, 평화로운 공존과 만인의 행복이라는 개념은 동아시아를 포함한 세계 전역에서 보편적으로 인정받고 있다. 동아시아에서 주체성 개념이 첨예한 문제가 되지 않는 경우가 더러 있지만, 그렇더라도 이제는 그 개념을 흔히 접할 수 있으며 다양한 정체성을 전보다 훨씬 더 진지하게 자각하고 그것을 자신의 것으로 만들 기회가 더 많아진 것도 사실이다.

그러한 자각이 가능할 수 있는 첫번째 구조적 수단은 바로 우리 인간성 내부에 존재한다. 인간에게는 대립 경향들을 조절하는 능력, 특히 변화라는 개념을 삶에 통합할 수 있는 능력이 있다. 인류 역사의 전개 과정에서 이율배반적인 범주에 속하는 것들은 언제나 짝을 이루어왔고 상호 침투해왔다. 통일과 분열, 평화와 전쟁, 창조와 파괴는 끊임없이 긴장 관계를 이루며 공존해왔다. 보편적으로 인정된 이러한 개념들에는 인간이 어린 시절부터 습득한, 상호 모순되는 긴장들이 배어 있다. 인간이 공존하기 위해 필요불가결한 사회적 관계, 즉 사랑과 증오, 노동과 놀이, 삶과 죽음 등은 이 대립되는 모순들을 연결해주는 매개 역할을 한다. 그 관계들에는 언제나 타협이라는 요인이 작용하고 있어, 그것을 토대로 우리는 서로의 인격을 이해하고 존중할 수 있게 된다. 그리고 그 상호 이해를 바탕으로 우리는 사고, 감정, 행동을 통해 우리의 환경, 우리의 이웃들과 연결된다. 사회 전반에 걸쳐 우리의 실천적 이성은 최초의 사회적 관계들과 이차적인 사회적 관계들의 매개 덕분에 정제되어 다양한 위상에서 빛을 발하게 되며, 그 결과 분열과 대립을 집단적으로 조정할 수 있게 된다. 사회생활의 긴장, 혹은 칸트가 말한 것처럼 우리의 "비사회적 사회성" 사이의 합의 장소를 발견하는 일이 모든 차원에서 실현되는 것이다.

우리 사회가 극단적 민족주의로 흐르거나 사고의 자유를 제한하게 되면, 그런 악에 물들지 않은 의식 있는 개인들이 즉각적으로 우리 사회가 처한 상황에 대해 비판적인 태도를 견지하게 된다. 오늘날 이런 식의 개인 네트워크가 대규모로 형성되어 지구 전역의 문화나 국가 간에 상호 소통하고 있다. 각종 서적, 글, 미디어에 등장하는 이야기, 평화와 정의, 환경 정의를 추구하는 시도 등이 서로 관련 있는 온갖 종류의 기구들과 연계하여, 강력한 시민 연대의 힘이 우리 시대의 문제들을 성찰하고 해결책을 찾으려고 애쓰면서 이 시대의 사태 흐름을 실제로 바꿀 수 있음을 보여준다. 문화적인, 혹은 다른 다양한 모순들이 근대성을 추구하는 흐름과 공존하지만,

그런 모순들을 해결하여 합의에 도달하는 방법을 진지하게 성찰하는 모습 또한 존재한다.

상호주관성의 촉매로서 의식 혹은 자각은, 커랜치크의 경우처럼 이방에서 올 수도 있지만 의식 있는 국민으로부터 나올 수도 있으며, 그런 사람들의 자각이 개인의 사유 틀을 넘어 현 사태의 흐름을 바꾸는 힘이 될 수도 있다. 사이버 공간에 중독된 자녀들을 컴퓨터가 없는 야생의 자연 한가운데 서바이벌 캠프로 보내는 부모들에 대해 생각해보자. 이 특수한 경우에서, 위기에 빠진 근대성을 구조한다는 것은 사이버 세계에 물든 정신에 맞서 새로운 총안銃眼을 열고 전통적인 가치들, 즉 자율성, 사랑, 자연을 존중하는 마음을 회복하는 일임을 보여주는 것이다. 그 부모들이 결코 근대성의 산물인 기술적 진보를 고발하는 사람들은 아니라는 사실에 주목하자. 그들은 오히려 아이들이 그런 기술을 신중하게 사용할 권리를 요구하고 있는 것이다. 사실 많은 아시아 국가의 시민들은 그리 쉽게 상호주관성과 자유 결정에 참여할 수 없다. 그런 만큼 근대성이 올바른 방향으로 나아가기 위해서는 무엇보다 아시아 국가들이 곧바로 개혁에 착수하는 것이 훨씬 더 중요하다.

개발에 관한 국제 윤리와 글로벌한 정부기구를 요구하는 시민 네트워크는 증가 일로에 있고, 정부나 시민들에게는 아주 중요한 자원이 될 수 있다. 국제 윤리는 비교적 최근에 등장한 실천 윤리지만 현재 비약적으로 발전하고 있는 규범이기도 하다. 관련 분야에서 공식적이거나 비공식적으로 일하고 있는 철학자나 사회학자 들은 미디어를 통해 서로 연계되어 있으며, 세계 문제에 대해 자문 역할을 수행하기도 한다. 아시아의 대학에서 국제관계의 발전 문제에 관한 강의가 더 많이 개설되면 개설될수록 상황은 더 좋아질 것이다. 어쨌든 자각은 아는 것에서 온다. 네트워크를 창설하고, 국제관계에 대한 강연을 열고, 그 문제에 대해 관심을 갖게 하는 일은 중등교육의 영역까지 확장되어야 한다. 자기 자신과 타인에 대해 자각하는 것이 주체성의 첫걸음이기 때문이다. 물론 수많은 난관에 봉착할 수 있다. 하지만 특수성에 대한 이해와 수용, 보편적으로 인정된 공동 목표에 대한 이해와 수용, 그것이 바로 윤리의 책무가 아니겠는가?

동아시아에서의
근대성 재정립

1

오늘날 아시아 신흥 산업국가들은 과학과 기술 분야에서 눈부신 발전을 이룩하여, 그 사회에 물질적 풍요를 가져오고 삶의 질을 놀라울 정도로 향상시키고 있는 듯이 보인다. '발전'이라는 용어는 일률적으로 정의하기 어렵지만, 오늘날 대부분의 경우 경제성장과 거의 동의어로 쓰인다. 그리고 그러한 발전은 생산기술과 과학기술의 혁신을 통해서만 가능하다는 생각이 일반화되어 있다. 과학기술이 발전해야 하는 것은 경제성장을 통해 만인에게 행복한 삶을 촉진시킨다는 목표 달성을 위해서라는 사실을 거의 만장일치로 받아들이는 시대에 우리는 살고 있다.

지구는 인간에게 맡겨져 있다. 수많은 남녀가 지구를 채우고 있으며 지구를 지배하고 있다. 인간은 바닷속 물고기들과 하늘의 새들을 지배하며 지구 표면에서 움직이는 모든 것을 지배한다. 인간이 지구를 지배하면서 인간과 자연 사물의 관계는 노동을 통해 이루어진다. 땅을 경작하고 날아가는 새들을 잡고, 은신처를 건설하고 벽을 세우는 일들이 바로 노동의 내용이다. 우리는 노동의 열매를 먹고 우리가 지은 집에서 휴식을 취한다. 이러한 노동을 통해 우리는 자연을 알게 되고 훌륭한 도구를 가질 수 있게 되며 바로 그것이 각각 과학과 기술로 이어진다. 자연 자원의 필요성이 증가하면 할수록 지식과 도구를 더 정교하게 완성시킬 필요성도 커진다.

저 까마득한 태곳적부터—「창세기」 1장 28절에 "자식을 많이 낳고 번성하여 땅을 가득 채우고 지배하여라"라는 하나님의 말씀에 나와 있듯이—인간존재는 어떤 값을 치르더라도 과학과 기술을 발전시키려고 애를 써왔다. 얼마 전부터 과학과 기술의 역할은 믿을 수 없을 만큼 확장되어 동과 서, 남과 북, 지구 전역에서 개선되고 전파되었다. 그리고 과학과 기술의 핵을 이루는 합리성의 원칙을 지구 전역에서 받아들이기에 이르렀다. 막스 베버Max Weber가 열렬히 외쳤듯이 합리화 과정이란 인류 역사에 새겨진 인간의 운명과 같은 것이라고 믿을 정도가 되었다. 비록 그러한 과정이 시간과 공간, 인간의 욕구와 같은 다양한 조변수에 따라 변형을 겪었다 할지라도 그 과정 자체를 되돌린다는 생각은 할 수조차 없는 듯하다.

합리성 원칙을 기반으로 하는 과학과 기술은 보편성 개념을 구현시켰고, 자연 세계를 정복하고 다스리기 위해서는 자연의 모든 법칙을 보편적으로 적용하라는 필연적 요구가 생겨났다. 그럼에도 불구하고 그 보편성을 실행하려고 할 때에는 보편주의와 전통사회의 특수성이 대립하게 된다. 근대화 과정을 통해 한 사회가 발전하면 일반적으로 전통적인 생활방식의 저항에 부딪히게 된다. 역사적으로 볼 때 이런 현상은 인간사회가 지닌 한 특성으로 간주될 수도 있다. 그렇지만 경제성장을 통해 근대화를 이루려고 할 경우, 우리가 신흥 산업국가에서 목격할 수 있는 것처럼 전통적인 정서들이 연합해 옛 구조가 새로운 변화를 흡수해버리는 일이 벌어진다. 우리는 여기서 1980년대에 아시아 지역에 널리 유포된 "아시아적 가치"가 아시아 정치 지도자들이 자국 내의 다양한 종족들, 다양한 종교적 집단들을 규합할 만한 공동의 가치, 공동의 정서를 창출하기 위해 고안해낸 것이라는 사실을 상기해야 한다. 그리고 그러한 시도는 정치사회 분야에서 충격 효과를 찾으려던 몇몇 지도자에게 도움이 된 것도 사실이다. 예를 들어 유교의 장점들은 생산 방식에 윤리적 토대를 제공하는 데 유효한 역할을 하기도 했다. 유교가 전통의 한복판에 자리 잡고 봉건시대의 조화를 유지하기 위해, 가장 오래되고 가장 으뜸인 도덕적 위계질서 체제의 역할을 한 적도 있었다. 한편 다문화주의라는 신성불가침의 용어는, 권위주의 정치 체제를 유포하려는 목적을 지닌 전통주의자들이 대중적 지지를 얻는 데 아주 큰 도움이 되었다. 권위주의 정치는 신흥 산업국가의 정치 지도자들이 안정된 경제성장을 이루는 데 크게 기여한 체제이기도 하다. 처음에 권위주의 권력은 아무런 방해도 받지 않고 잘 돌아가는 듯했다. 하지만 얼마 지나지 않아 새로운 시장 사회에서 일종의 평형추처럼 서서히 형성된 중산층의 거대한 저항에 부딪히게 되었다. 이는 경제적 지구화가 전 세계적인 소통 네트워크, 즉 사이버 시대의 특징인 정보기술의 발달에 힘입어 더욱 강화된 소통 네트워크를 통해, 민주주의의 이상 역시 함께 유포된다는 사실을 생각한다면 충분히 예견할 수 있었던 일이다.

2

아시아에서 나타나고 있는 거대한 시장 사회를 보면 직장뿐만 아니라 가정에서도 쉽게 인터넷에 접속할 수 있는 중산층이 대규모로 형성되어 있다. 가령 블로그와 토론 광장을 통해 시위와 집회를 아주 쉽게 조직할 수 있다. 이 사회들은 점차적으로 정치적 개방의 길로 나아가고 있으며, 그런 흐름에 무지한 정당은 중산층의 저항에 직면하게 되어 있다. 아마르티아 센이 간략하게 강조하고 있듯이 경제 발전 자체도 권위주의 정치 체제하에서는 유지될 수 없다.[1] 권위주의 정치 지도자들은 문화적 상대주의라는 공허한 말을 앞세우고, 민주주의와 인간의 기본적 자유라는 개념을 봉건 체제의 용어로 해석해버리는 기만적인 논리를 휘두르기 때문이다.

다문화주의는 다양한 문화를 상호 인정하는 것을 기본으로 한다. 정치적 다양성을 인정하고, 문화적 고유 영역을 존중한다는 의미에서 다문화주의는 옹호받아야 한다. 하지만 이 용어가 인류의 보편성을 배척한다는 의미로 변질되어 사용되어서는 안 된다. 오늘날의 정치 지도자들 중에는 이 용어를 문화적 상대주의로 해석하여, 정치적 문제로 특정 집단이나 반체제 인사들의 권리를 억압하면서 자신을 정당화하는 도구로 사용하는 일이 빈번하게 발생하고 있다. 민주주의의 기본 원칙은 인류의 보편성에 대한 믿음에 있다. 그리고 그 믿

---

1 Amartya Sen, "Democracy as a Universal Value," *Journal of Democracy*, Vol. 10, no. 3, Washington D.C., 1999, pp. 3~17.

음을 바탕으로 우리는 모두 자유롭고 평등하게 태어났으며, 경제활동의 기회는 계층, 종족, 성별, 종교의 차별 없이 모두에게 동등하게 주어져야 한다는 중요한 가치들이 가지를 치고 나왔다. 전통사회의 정치 지도자들은 일반적으로 전통사회의 특수성을 전면에 내세우면서, 개인이 속한 사회의 특수한 상황 속에서 필요한 조건들을 이야기하면서 누구나 평등을 누릴 보편적 권리를 거부한다. 하지만 앞에서 인용한 아마르티아 센의 제안은, 고능률의 생산 라인을 만들고 유지하려면, 지도자가 원하는 입장에서 보더라도 보편적인 사유를 받아들일 수밖에 없으리라는 추측을 가능하게 해준다. 개발도상국의 경우 계속 가부장적인 형태의 사회관계를 유지하게 되면, 전에 서구 사회에서 그러했듯이 수평적인 인간관계라는 조직 체계가 필연적으로 위계질서에 입각한 인간관계로 인해 흔들릴 수 있기 때문이다.

대부분의 신흥 산업국가들은 역사적 흐름에 따라 근대성을 이룬 것이 아니다. 그들 스스로 단호하게 선택한 것이다. 자율적인 시민들로 구성된 중산층을 확장함으로써 민주주의를 이룩하기 위해 산업화를 택한 것이다. 산업국가에서는 개인의 자율적 결정이라는 의미가 민주화의 촉매로 작용한다는 것을 알고 그 길을 택한 것이다. 사실상 근대성은 개개인이 자율 결정권을 가졌음을 자각하는 것으로부터 시작된다.

과학과 기술의 중심축인 합리성의 원칙은, 한 개인이 파벌이나 지역주의나 사회계층의 지배 고리에서 벗어나 자기 자신만을 의지하면서 행동하기를 요구하는 시장경제 내에서 사회규범 같은 것이 되었다. 그리고 그 결과 능력주의가 준칙이 되어 각 시민의식 속에서 개인성이란 바로 능력주의를 의미하는 것이 되었다. 이런 현상을 이제는 더 이상 "서구화" 과정이라고 부르고 있을 수만은 없다. 그런 현상은 합리화의 내부에 불가피하게 포함되어 있는 현상이며, 시장경제를 도입한 거의 모든 사회에서 나타나는 것이기 때문이다.

 우리는 모두 힘들여 일하고 그 과실을 누린다. 우리는 그것을 우리의 권리라고 생각한다. 자본주의는 개개인이 노동을 통해 얻은 이익을 대가로, 능력주의를 약속하고 이행하는 것을 그 의무로 하면서 성립된 것이다. 하지만 거기에는 약점이 있다. 능력주의는 한정된 자연 재화로 인해 선진국이건 개발도상국이건 '경쟁'이라는 아주 복잡한 문제를 유발하는 것이다. 자본주의 근대사가 보여주고 있듯이 극도의 개인주의는 불간섭주의에 입각한 시장의 이데올로기가 되어 필연적으로 "승자 독식"의 이데올로기가 되어버린다. 즉 능력 있는 자가 파이의 가장 큰 몫을 차지하고 다른 경쟁자들에게는 부스러기만 남기게 되는 것이다. 19세기 말 앵글로-유러피언 사회가 보여준 것이 바로 이런 제동장치 없는 시장경제의 사회적 다원주의라고 할 수 있다.

노동은 홀로 이루어지는 것이 아니다. 노동에는 사회적 소명이 함께하고 있다. 들판에서 수확하고, 야생의 숲에서 사냥하고, 댐을 쌓고 사원을 건설하는 일, 작업대에서 자동차 부품을 조립하고 생산량을 극대화하기 위해 관리하는 일들은, 그 일을 구상하고 실행에 옮기는 모든 단계에 이르기까지 공동으로 이루어질 수밖에 없다. 그 작업에서는 어느 유별난 한 사람이 공로를 독차지할 수 없다. 한 사람이 어떤 일을 실행할 수 있는 능력의 대부분은 교육 같은 사회제도에서 비롯되는 것이다. 개인적인 것이건 집단적인 것이건 능력주의는, 최근에 워런 버핏Warren Buffett과 빌 게이츠Bill Gates가 말했듯이, '공정한 경제'의 이름으로 사회 전체가 실현하는 무수한 공공투자의 결과물이다.[2]

노동은 인간 종족의 생존 보장 수단으로서 근본적으로 집단적이다. 우리는 누구나, 언제든 노동의 산물을 나눈다. 노동의 분업은 인간이 타인들과 가깝게 지낼 수 있게 만드는 강력한 동기가 된다. 개개인은 노동의 열매 속에서 인간 집단의 결속력을 발견한다. 노동은 사회적 교환의 지배적 양식으로

---

2 Bill Gates 외, "Responsible Estate Tax Proposal: Statement of Support,"
    December 2012.

서 그것을 통해 인간존재는 자연 및 타인들과 소통한다. 노동을 통해 우리의 잠재성을 시험하며, 자연 위에 창조성의 자국을 각인시킨다. 노동은 우리와 자연을 맺어주던 물리적 끈으로부터 우리를 해방시키고, 자연 속에 존재하지 않던 것을 만들겠다는 생각을 실현하게 해준다.

노동의 집단적 특성에도 불구하고 어떤 사람들은 자기 자신을 위해 다른 사람들의 노동을 강요하기도 한다. 하지만 결국 노동은 주인과 노예를 맺어준다. 헤겔이 세계 역사의 전개 양상을 묘사하면서 보여주었듯이 주인이든 노예든 노동의 분화를 통해 상대적 가치를 인정하게 되어 있기 때문이다.[3] 산업화를 통한 경제성장으로 아시아 국가들은 근대화의 목표, 즉 모든 인간존재는 자유롭고 평등하다는 것을 알게 되었으며, 증가 일로에 있는 중산층은 한 사회가 각각 합법적인 권리를 내세울 수 있는 자유로운 개인들로 이루어져 있다는 것을 자각하게 되었다.

노동하는 가운데 개개인은 타인들과 대면하는 주체가 된다. 노동을 하며 우리는 자연 세계, 사회 세계와 소통하면서 그것에 다양한 의미를 부여한다. 인간존재는 의미를 부여하는 주체성을 지니고 태어난 것이 아니다. 인간이 환경과의 관

3   G. W. F. Hegel, *Phänomenologie des Geistes*, 1807.

계에서 주체성을 지닌 존재로서의 모습이 드러나기 위해서는 긴 여정이 필요하다. 농업사회이건 산업사회이건 모든 사회에서 우리는 기본적으로 노동에 참여하게 되어 있다. 밭을 갈고 물을 대고 씨를 뿌리는 일은 계획을 세워야 하며 관찰과 계산을 필요로 하는 일, 즉 합리적인 사고를 필요로 하는 일이었다. 인간은 생산 활동을 하면서 합리적으로 사고하는 능력을 발전시켰고 주체성을 성숙시킬 수 있었다.

우리는 우리를 둘러싼 세상에 의미를 부여하며 살고 있는데, 그런 의미들은 공존 양상인 사랑, 증오, 노동, 놀이, 죽음 등과 상호작용하면서 얻어진다.[4] 인간의 삶에서 사랑과 증오는 서로 이웃해 있다. 부모의 애정 어린 보살핌 속에서 자란 아이는 남과 섞인다는 것의 의미를 발견하게 되고 그로 인해 충족감에 젖는다. 어머니의 따뜻한 품 안에서 아이는 평온함을 느낀다. 반대로 『성서』의 카인과 아벨의 이야기와 도스토옙스키의 『카라마조프 가의 형제들』에서 보듯이, 형제간의 경쟁심과 증오로부터 단절을 경험한다. 증오는 순전히 심리적인 현상이지만 실질적인 파괴력을 가지고 있다. 증오는 온갖 다양한 길을 통해 우리를 우월한 자와 열등한 자로 갈라놓고

---

4 Eugen Fink, *Grundphänomenen des menschlichen Daseins*[*Les Phénomènes fondamentaux de l'existence humaine*], Freiburg: Alber, 1979.

수 세대에 걸쳐 지배와 종속이라는 관계를 조장한다.

사랑과 증오를 통해 우리는 일체성과 분열이라는 대립되는 경험을 하게 된다. 이 두 사회관계 양식에 따라 우리는 사회 현실 속에서 자기 자리를 잡게 된다. 칸트가 설명했듯이 인간 존재에게는 남들과 유리되려는 성향과 사회성을 이루려는 성향이 결합되어 있다. 이와 같이 대립되는 두 성향 때문에 인간에게는 무수히 다양한 가능성이 열리고, 인간이 영원한 갈등 상황—홉스의 견해에 따르면 이는 인간성의 고유 특성에 속한다—내에만 머물러 있을 수 없다는 것, 즉 전쟁보다는 평화 속에서 갈등의 해법을 찾아야 한다는 것을 자각하게 된다고 칸트는 말한다. 인간성의 이와 같은 특성을 정의 내리기 위해 칸트는 "비사회적 사회성"이라는 개념을 창안해냈다. 이어지는 일련의 갈등에도 불구하고 인류의 역사는 평화를 향한 갈망을 보여주며 우리 안에 인간성을 지키려는 욕망이 내재해 있음을 증명해준다. 칸트는 개인적 국면이건 집단적 국면이건, 인간 사이의 적의敵意라는 영원한 긴장을 풀기 위해 합리적인 방법을 모색하는 것이야말로 곧 야만에서 문명으로 옮아가는 길이라고 믿었다.[5]

---

5   Immanuel Kant, *Ideen zu einer allgemeinen Geschichte in weltbuergerlicher Absicht*, 1784; Immanuel Kant, *Zum ewigen Friede: Ein philosophischer Entwurf*, 1795.

인간은 죽게 마련이다. 우리는 이웃의 죽음을 목격한다. 그들이 결코 우리 곁으로 다시 돌아오지 못한다는 사실을 알게 된다. 우리가 결국 사라질 수밖에 없다는 것, 바로 그 사실 때문에 우리는 사색에 빠지고 상상력에 사로잡힌다. 그것이 모든 종교, 모든 신화의 공통 테마이다. 우리가 죽음과 함께하고 있다는 자각이 존재와 비존재 사이의 부조화를 뚜렷하게 해준다. 증오에 찬 적敵의 시선은 무無의 어두운 심연을 느끼게 해준다. 나라는 존재가 즉각적으로 무화 가능하다는 운명에 맞서 살아야 한다는 결의로, 나 자신을 방어할 수밖에 없다. 무의 어두운 심연은 내게 **존재**의 의미를 드러내며, 이는 소멸할 수밖에 없는 나의 운명에 굴복하기보다는 '지금 여기의 나'라는 존재에 대한 정당한 권리를 주장하게 만든다. 이러한 생존 욕구 때문에 우리는 다른 사람들과 평화롭게 지내고, 개개인이 지닌 가능성들이 조화롭게 표명되는 유토피아를 꿈꿀 수 있는 것이다.

무엇보다 놀이는 자동으로 실현된 것이다. 노동의 긴 하루가 끝나면 가족과 이웃들은 함께 모여 술을 마시며 육체적 고통을 달래고 원기를 되찾는다. 술을 마시고 노래하고 춤을 추다 보면 어느새 근심걱정은 사라지고 우리는 상상 세계에 젖어들게 된다. 놀이는 참가자 모두가 흠뻑 빠져드는 일종의 집단 환각이다. 인간은 공동체를 이루며 살기 시작한 때부터 상상 세계의 힘을 빌려왔다. 놀이는 어느 문화에나 존재하는 보편적인 개념이다. 뭔가를 상상하고 또 다른 세계를 창안해내는 일은 인간에게만 있는 고유 능력이다. 우리는 놀이를 하면서 실존이라는 냉혹한 영역에서 벗어나 무한한 가능성의 영역으로 들어간다. 그리고 그 덕분에 물질세계를 지배하고 있는 속박에서 완전히 벗어나 '자유로운 표현'이라는 것의 진정한 의미를 맛볼 수 있게 된다. 실제의 삶에서 우리는 주어진 상황에 갇혀 있는 데 반해 상상의 세계에서는 원하는 것을 완전히 자유롭게 행할 수 있다. 상상력을 통해 우리는 진정한 사고와 개인적 표현의 자유를 맛볼 수 있다. 상상 세계에서의 놀이를 통해 창조력이 솟아나고 그 덕분에 자연을 뭔가 다른 것으로 바꿀 수 있게 되며, 이러한 창의성을 통해 우리는 자연과 구별되는 것이다.

표현의 자유는 우리가 세상을 지배하는 데 절대적으로 필요하다. 문명이라는 단어 자체는 사고, 감각, 행동에 따른 자아실현의 산물이다. 문학과 예술, 과학과 기술은 구체적으로 그 무언가를 **만드는 행위**로부터 나온다. 근대성이라는 용어는 한 사회의 발전 단계에서 우리가 자유로운 주체성을 지닌 존재라는 것을 자각하는 지점을 지칭하는 말일 수도 있다.

3

그러나 이런 고무적인 전망을 펼쳤다고 해서, 대부분의 아시아 국가에서 진행되고 있는 근대화 과정이 온통 장밋빛으로 물들어 있는 것은 아니라는 사실을 잊어서는 안 된다. 경제 발전의 도구인 기술은 자유라는 가치가 존중받는 영역을 만들어가는 동시에 개인을 소비주의의 노예로 만들고 그 결과 지각 없는 시민을 양산해내면서 근대성 기획의 도덕적인 환경을 악화시키고 있기 때문이다.

자연과학 지식을 기술에 적용한 결과 노아의 방주를 만들 수 있었고 솔로몬의 사원도 만들 수 있었다. 하지만 그러한 지식과 기술은 바벨탑을 세운 자들에게, 인간에게는 그 어떤 한계도 없다는 그릇된 믿음을 심어주어 자연과 인간이 조화롭게 공존할 수 있는 능력을 파괴하는 잘못을 낳기도 했다. 자연과학 지식을 기술적으로 활용하는 것은 인류 전체의 행복을 위해 절대적으로 필요하다. 하지만 과학적 발견과 기술 혁신을 잘못 사용함으로써 우리의 어머니인 대지가 겪게 된 생태 변화와 같은 불행한 결과에 대해서도 크게 염려해야만 한다. 하지만 신흥 시장의 소비자들은 화려한 기술의 성취에 도취되어 오늘날 얼마나 위태로운 상황에 처해 있는지를 모르고 있다. 전통적인 시장이 한정된 자원에 맞추어 생산과 소비의 균형 안에서 성장해왔다면, 빠르게 내달리는 소비는 보다 많은 생산을 요구하면서 불균형의 근원이 되고 있다. 통상적으로 안정되어 있던 아시아 시장의 윤리가, 이제는 경제 메커니즘이라는 소비자를 기반으로 성립된다는 것을 인정하는 쪽으로 옮아가는 듯이 보인다. 새로운 욕구 창출이 시장의 동력이 되었고 절약과 검소라는 청교도적인 윤리는 오늘날 시장경제의 움직임을 설명하는 데는 더 이상 적합하지 않은 논리가 되었다.[6] 노동자들은 만족할 줄 모르는 욕구를 채우기 위해 돈을 더 벌고자 하며, 그리하여 더 많이, 더 힘들여 일해야만 한다.

오늘날 위세를 떨치고 있는 덧없는 글로벌 경제 속에서, 동아시아는 여전히 성장 가능성을 지닌 곳으로 여겨져 투자자들은 이 신흥 산업국가들에 많은 돈을 쏟아붓고 있으며, 그 결과 지구촌 어느 국가들보다 발전의 행보가 빠르다. 신흥 시장의 입장에서는, 소비자 시민들에게 마르지 않는 풍요로움에 도달할 수 있는 길을 보여주기 위해서는 빠른 성장을 하는 것만으로도 충분한 듯이 보인다.

배고픔이나 목마름 같은 자연적인 욕구는 쉽게 채워줄 수

6 Colin Campbell, "Romanticism and the Consumer Ethic: Intimations of Weber-style Thesis," *Sociological Analysis*, Vol. 44, no. 4, Washington D.C., 1983, pp. 279 이하.

있는 데 반해, 에피쿠로스가 비정상적이며 무용하다고 평한 음식, 의복, 집에 대한 사치스러운 기호는 제어장치도 없고 끝도 없어 보인다. 우리는 이런 현상을 신흥 개발 사회에서 발견한다. 끊임없는 기술혁신이 헛된 욕망들을 양산하는 반면에 궁핍하던 시절의 덕목들, 즉 검소와 절제는 비방의 대상이 되고 시장경제를 향해 적대감을 드러내는 행위라는 혐의를 받게 되었다. 소비자들은 루이비통, 구찌, 샤넬, 버버리, 프라다—극히 일부만을 나열했을 뿐이다—같은 고급스런 상점의 물건들을 선호한다. 특히 중산층 여성들은 이러한 사치품에 광적으로 집착한다. 이런 식으로 소비가 증가하게 되면 외국의 기업가들에게는 수익을 높일 좋은 기회가 되는 셈이지만, 그 상품을 욕망하는 소비자들은 신용카드 빚에 허덕이게 되기 십상이다.

덧붙여 한 가지만 더 지적하기로 하자. 동아시아의 대도시를 여행하는 외국인들은 유리로 된 거대한 오피스 빌딩들과 주거용 고층 빌딩들이 밀집해 있는 지역과 쉽게 마주치게 된다. 그 건물들은 분명 매일 터무니없이 많은 양의 화석 에너지를 소비할 것이다. 아마 이런 풍경들은 선진 국가들과 겨룰 만한 경제적인 성공을 이룩했다는 국가 자존심의 표현일지도 모른다. 하지만 그토록 호사스러운 건물을 짓기 위해 천연자원을 끌어다 쓰다 보면—그래서 고갈될지도 모르는 그 자

144

원!—나중에는 모든 천연자원이 그런 건물들의 토대를 다지는 데 전부 쓰일지도 모른다. 거대한 건물들은 지구온난화에 일조할 것이 분명하고, 통제 불가능한 지구온난화로 인해 쓰나미의 물결이 몰려올 수도 있고, 그 쓰나미에 견디기 위해서라도 건물은 더 튼튼해야 하고…… 이런 악순환!

생태적 위기에 대해 이야기할 경우, 우리는 무분별한 남획으로 인해 벌어지고 있는 바다의 재난, 지구 전역의 해상 환경의 안정을 해치고 있는 기후변화와 오염에 대해서도 마땅히 언급해야 한다. CNN의 보도를 믿는다면 동남아시아 지역은 이 문제에 관한 한 최악의 상황에 직면해 있다.[7] 해산물 요리를 즐기는 사람들이 늘어나면서 치어를 잡아 연안 양식장에서 새우 먹이로 주고 있으며 이는 애통하게도 최악의 결말을 예고하고 있다.

호사스런 생활양식은 큰 대가를 치르게 되어 있다. 생산성 증가에 대한 요구는, 정치적 결정을 내릴 때도 경제성장이라는 이름으로 희생이 뒤따르게 만든다. 신흥 시장경제 대열에 들어선 국가의 정부들은, 많은 경우 아직 시민사회를 접해보지 못했다. 따라서 진정한 민주주의의 도래를 불러올 일에는

---

7   Tom Levitt, "Overfished and Under-Protected: Oceans on the Brink of Catastrophic Collapse," CNN NEWS, 22 Mars 2013.

얼굴을 찌푸린 채, 자연환경을 보다 많은 생산성이라는 제단의 제물로 바치게 될, 결국 자연환경의 파괴로 귀결될 수밖에 없는 사회적 결정 과정을 지배하고 통제하는 일에 더 몰두해 있다.

시민들이 자율적인 주체임을 자각하는 데 가장 큰 장애물 중의 하나가, 첨단기술이 편재하게 됨으로써 유발된 소비주의 내에 존재하고 있음은 틀림없다. 매스미디어에서는 기술혁신을 자양분 삼아 필요 이상의 욕구를 자극하고, 사회 전체는 탐욕스러운 소비주의에 사로잡히게 되며, 그 소비주의는 **현상 유지**statu quo를 수동적으로 받아들이는 태도로 연결된다. 소비주의는 일반인들을 물질적 안락함으로 치장시켜 그들의 의식을 텅 비어버리게 만들고, 그러한 흐름은 사회 전반으로 퍼져나가게 된다. 마르쿠제가 1960년대에 이미 갈파했듯이 소비주의는 타인과 주변 환경에 대한 무관심을 촉진시켜, 결국 자신의 삶 자체에 대한 얼빠진 무지의 상태에 이르게 만든다.[8] 자연계는 인간과 점점 멀어져, 무분별한 개발의 대상이 되어버린다. 또한 인간들은 비非인간관계뿐 아니라 같은 인간관계에서도 봉사보다는 지배를 더 선호하게 된다.

---

8   Herbert Marcuse, *One-Dimensional Man*, London: Routledge & Kegan Paul, 1964.

이렇게 불안정한 근대화 단계에서, 우리는 시민 개개인이 성찰하고 비판하는 능력을 가질 수 있도록 공동의 노력을 기울여야 하며, 그러기 위해서는 다양한 형태의 교육을 실시해야 한다. 그래야 신흥 산업국가에서 민주적인 결정을 하는 합법적인 절차를 마련할 수 있을 것이고, 그 결과 한편으로는 지식인 그룹과 전문가 그룹이, 다른 한편으로는 시민사회가 그 결정 과정에 참여할 수 있게 될 것이다.

4

기술을 어떻게 윤리적으로 사용할 것인가의 문제에 봉착한 철학자의 역할은, 기술 사용에 대한 결정을 할 때 어떻게 하면 그 결정이 사회적인 것인 동시에 민주적인 것이 되도록 할 수 있는가를 보여주는 데 있다. 여기서 우리는 철학이 기술과 정면으로 마주한 권역에 들어서게 되는 셈이다. 그중 단연 중요한 것은 바로 교육이다. 인권에 대한 교육은 물론 과학자, 기술자, 기획자 들의 사회적 책임에 대한 교육이 기본적으로 중요하다는 사실은 더 언급할 필요가 없을 것이다. 그러나 교육은 거기서 그치면 안 된다. 정부 당국자는, 사회 구성원 모두가 기술에 관한 유효한 정보를 얻고 그와 관련된 결정을 할 때 참여할 수 있게끔, 사회 구성원 모두에게 교육의 범위를 확대해야 한다. 달리 말한다면 개개인 모두가 인간의 기술이 어디까지 발전해왔는지 알 권리를 가져야 한다는 것이다. 게다가 온갖 기술 분야 종사자들은 인간은 결코 기술의 도구가 아니라는 것, 기술의 목적은 사회 개선과 시민의 복지 증진, 개개인의 능력 개발 도모에 있다는 사실을 분명하게 이해해야 한다.

기술은 삶의 질을 향상시키는 도구여야 한다. 과학 및 기술에 대응하는 방법은 아주 다양하다. 하지만 그 어떤 방법이건 기술도 결국 인간이 실현한 것이며 사회와 개인이 그 기술의 사용을 결정한다는 사실을 내포한다. 에덴동산에서 추방당한 인간은 타락한 세계에 살며 스스로 먹을 것, 입을 것, 살 곳을 마련해야 하게 되었다. 생산노동은 자연을 관찰하게 만들고 자연의 법칙들을 발견하게 했으며, 그 덕분에 자연을 우리의 요구에 맞게 변형시킬 수 있는 도구들을 만들 수 있었다. 우리는 우리에게 책임이 있는 지구를 이끌기 위해 과학과 기술을 사용한다. 인간은 나약한 피조물로서 과학과 기술에 의존할 수밖에 없었으며, 과학과 기술의 힘으로 건강을 유지하고 보다 많은 식량을 얻을 수 있었다. 세계 전역에서 과학 공동체들이 이룩한 자연에 관한 새로운 법칙이나 원칙 들은 보다 나은 기술을 고안해내는 데 적용되었다. 생명과학의 발견들로 인해 농업과 의학 분야에서 완전히 새로운 산업이 탄생했으며 인류 전체가 그 혜택을 입을 수 있었다. 기술혁신은 분명히 인류가 세대를 거듭해 습득하고 키워온 자아실현의 상상적 능력의 산물이다. 하지만 바람직하지 않은 대부분의 결과는 이제 돌이킬 수 없는 것으로 드러났다.

지구는 우리의 집이다. 지구는 우리의 **움벨트**Umwelt[9]이다. 과도한 소비는 이 **움벨트**를 심각하게 훼손함으로써 그 세계가 다시 세워질 시간을 주지 않는다. 수많은 과학적 발견으로 인해 우리의 환경이 아주 심각한 상태에 놓여 있다는 것이 밝혀졌고, 이는 과학자들뿐만 아니라 일반 대중도 인정하는 사실이다. 지구온난화는 가장 시급히 해결해야 할 문제이다. 화석연료의 무분별한 사용에 따른 온실효과 문제는 이미 거의 한계점에 도달했다. 동아시아의 인구 밀집 대도시들 중 한 곳에서 지난해에 측정한 대기오염지수는 극도로 위험한 수준이었는데(대기질 지표가 500의 문턱을 넘었다), 변화가 얼마나 절실하게 필요한가를 여실히 보여준다. 최근에 OECD는 도시의 대기오염이 2050년에는 지구 전역에서 가장 치명적인 환경문제가 될 것이라고 경고하면서, 중국이나 인도에서는 오염 때문에 연

---

9 환경을 뜻하는 독일어로, 생물학자인 야코프 폰 윅스퀼Jacob von Uexkuell이 모든 살아 있는 유기체들이 긴밀하게 상호 반응하는 세계를 지칭하기 위해 만든 신조어다.

간 3,600만 명의 어린아이가 사망할 수도 있다고 추산했다.

한편, 태평양의 작은 섬나라 나우루에 대한 방송 보도에 따르면, 이 세상에서 가장 작은 공화국인 그 나라는 무시무시한 공황 상태에 놓여 있다.[10] 지구온난화로 인해 섬의 기상이 전혀 예측 불가능해진 것이다. 이전에는 매년 건기와 우기가 번갈아 나타났고 건기는 아주 짧았다고 한다. 그런데 이제 건기가 7~8년 동안 계속된다는 것이 아닌가! 연안은 침식되고 해수면은 집 문턱까지 높아졌다. 나우루 섬 주민들은 멀리 갈 수도 없다. 섬의 면적은 겨우 21제곱킬로미터인데 그곳에 1만 명의 사람이 살고 있으며, 게다가 대부분 주거지가 해안가이고, 300킬로미터 이내에는 이웃도 없는 형편이다.

지구의 기후가 인간 종족의 역사를 주로 만들어왔다는 과학적 이론과는 반대로, 환경 변화를 관찰한 결과 인간이 환경에 가한 충격도 그만큼 강력하다는 것이 밝혀졌다. 지난 10년간 우리에게 덮친 자연재해 중 기후로 인한 것이 가장 많은 경우를 차지하며 그중 대부분은 인재였다. 시간이 흐를수록 기후, 토양, 바다, 대기에 대해 인간이 저지르는 파괴 양상은 돌이키기 힘들 정도로 악화될 것이다.

10 Tim Lister, "Rising Sea Level Puts Island Nations like Nauru at Risk," CNN, 5 December 2012.

마찬가지로 주요 산업국가들이 온실효과를 유발하는 탄소 가스 배출량을 줄이기 위해 애를 쓰고 있지만 지구 대기에는 여전히 탄소 가스가 증가하고 있다는 괴리적 사실이 국제 공동체가 전념하고 있는 심각한 문제이다.[11] 그런데 이런 불안감은 거대 기업의 관심 밖에 있는 듯이 보인다. 정치적·경제적 이해관계가 환경보호라는 중요한 문제와 상충해왔다는 것은 누구나 잘 알고 있다. 동아시아의 몇몇 정치 체제는 시민들이 그저 배나 불리며 호사를 누리면서 권력의 정당성은 문제 삼지 않기를 바라고, 정치에는 개입하지 않고 정치 개혁보다는 개인의 안락에만 관심을 갖도록 유도하고 있다. 동시에 높은 수준의 생산성을 유지하여 새로운 물질적 재화에 대한 탐욕을 계속 자극하고 시장이 번성하도록 유도하고 있다. 그러니 그런 정부들이 기후의 온난화와 환경적 재난에 대한 경고들을 탄압하는 일은 전혀 놀라운 일이 아니다. "청정" 에너지 사용 기술을 개발하라고 아무리 경고의 팡파르를 울려대도 소 귀에 경 읽기인 셈이다.

경제성장을 통한 아시아의 근대화 과정은 그 지역 전체를 잘못된 방향으로 이끌 수 있는 첨예한 문제들을 내포하고 있다. 하지만 끊임없는 진보와 시장 성장에 대한 맹신을 자양분

11 유엔의 기후변화회의 보고서를 참조할 것.

으로 삼아 태어난 세계관은, 우리가 창안하고 고안한 제도들, 기술들과 마찬가지로 우리가 어떤 길을 개척하느냐에 따라 그 방향이 정해져 있다.

우리가 던지는 질문은 이렇다. 이런 맹목적인 세계관에 어떻게 이성을 주입할 것인가? 어떻게 하면 지도자들과 시민들에게 천연자원은 한계가 있음을 자각하게 만들 수 있을 것인가? 시장 가치에 집착하는 지배적 여론에 대고, 인간 행동의 개혁을 선언하며 설득하는 일은 결코 쉽지 않을 것이다. 무엇보다도 우리 철학자들은 자연과학 및 사회과학 연구자들과 만나 상호 대화를 통해 이 문제에 대한 해결책을 찾으려고 함께 애쓰는 연합체를 구성해야 한다. 지식인들 간의 범세계적인 유대가 진정으로 간절하다. 그 지식인들이 목소리를 더 크게 내 지도자들과 시민들에게 경종을 울려야 한다. 특히 시민사회의 역할에 다시 힘을 불어넣을 방법을 찾아야 한다.

개혁자유주의의
발전 전략

1980년대에 사회과학과 정치철학 분야를 주도했던 자유주의
와 공동체주의 간의 논쟁은 오늘날에도 여전히 계속되고 있
으며, 특히 정치 분야에서 더욱 치열해졌다. 그리고 1980년대
와 마찬가지로 1990년대에는 그런 논쟁 자체가 각 진영에 삭
막하고 실망스러운 결과만 보여준 셈이 되었다. 지금 우리 눈
앞에서 벌어지고 있는 광경은 1960년대의 이데올로기 논쟁,
특히 자유주의 내의 보수주의에 대한 개혁주의자의 비판을
떠올리게 한다. 그런데 1960년대의 이데올로기 논쟁은 이전
의 또 다른 논쟁, 즉 잘 알려진 존 듀이의 신구 자유주의 대
립에 대한 논쟁을 상기시킨다.

오늘날의 개혁주의자들은 1930년대나 1960년대의 개혁주

의자들이 그러했듯이 공동체주의자로 간주될 수 있을 것이다. 하지만 소박한 공동체주의자라기보다는 자유주의적 공동체주의자인 것은 분명하다. 그 칭호에 "자유주의적"이라는 표현이 들어가 있음을 결코 잊지 말아야 한다. 보수주의자뿐 아니라 바로 개혁주의자들 자신도 개인의 자유, 개인의 자발성과 창의성을 옹호하고 있기 때문이다. 바로 그 때문에 개혁자유주의자들은 자본주의와 자유주의의 근본 가치들을 지지한다. 하지만 "개혁"이라는 용어에서 드러나듯 개혁자유주의는 필요하다고 생각될 때면 언제 어디서든 국가가 개입해 그 가치들이 실현될 수 있게 만들어야 한다는 입장을 취한다. 즉 시민 개개인이 그 가치 자체를 소유하거나 그에 맞게 행동할 능력이 없다고 판단될 때마다 국가가 구원자 역할을 담당해야 한다는 것이다.[1]

그렇다고 해서 개혁자유주의자들이 『성서』에 나오는 힘이 센 무시무시한 짐승 베헤모스처럼 **거대** 정부가 필요하다는 구상을 하고 있는 것은 아니다. 거대 정부에 대한 호불호는 그것의 기능 여부에 달려 있다. 대다수의 사람에게 삶의 질을 향상시킬 수 있는 조건이나 상황을 제공할 수 있는 정부는

---

1 Kenneth Dolbeare, *American Ideologies*, Chicago: Markham, 1971, p. 85; Andrew Hacker, *Political Theory*, New York: The Macmillan Co., 1961, pp. 237~38.

좋은 정부이다. 그 대상에는 물론 다수의 관심사에 묻혀 큰 소리를 내지 못하는 소수집단도 포함된다. 거대 정부라도 시민들을 가난과 공포, 질병과 무지 등으로부터 벗어나게 해준다면 좋은 정부이다. 국가가 국민으로 하여금 정신적이고 지적인 자산을 갖출 수 있게 해주고 그것을 바탕으로 잠재력을 발휘해 자신이 뜻하는 바를 이룰 수 있게 해준다면 자상하고 도덕적인 권력이 된다. 개혁자유주의의 목표는 기회균등의 장을 넓혀 모든 시민이 그 품에 안길 수 있게 하는 데 있다. 개혁자유주의는 자유와 평등 간에 실질적인 균형이 이루어져야 한다는 것을 인정한다. 그리고 개혁자유주의가 추구하는 바는 결국 이와 같은 균형을 획득하는 것이라고 말할 수 있다.

자유주의자와 공동체주의자 간의 논쟁의 핵심에는 개인의 자유를 우선시할 것이냐, 아니면 만인의 평등을 우선시할 것이냐의 문제가 놓여 있다. 각 진영은 상대방의 주장이 인간의 본성에 비추어 볼 때 극단적인 주장일 뿐이며 엉뚱하고 비현실적이라고 비난한다. 각 진영은 서로 그렇지 않다고 부인하지만, 좌파나 우파의 주변 집단들이 각각 자신의 이데올로기적 입장에서 극단적인 주장을 펼쳐 정치에 큰 영향을 미치는 일이 종종 발생한다. 하지만 개혁자유주의는 인간이 개인적인가 집단적인가 하는 개념적 양자택일의 관점 자체에 동의하지 않는다. 개혁자유주의자들은 변증법적인 사고방식을 채택한다. 인간존재는 고립되어 있지도 근본적으로 개인적이지도 않으며, 그렇다고 집단적이기만 한 것도 아니라는 점, 인간존재는 두 특성을 동시에 지니고 있으며, 그로 인해 인간의 상호 의존관계가 아주 복잡한 미로처럼 얽힐 수밖에 없다는 것, 그것이 바로 개혁자유주의자들의 입장이다.

자유주의라는 용어에는 단순히 경제적이고 정치적인 사상에서의 이론적 입장에 국한된 좁은 의미만 있지는 않다. 그것은 그 이상의 함의를 지닌다. 경제와 정치 분야에서 형성된 자유주의라는 개념은 인간존재의 본질에 대한, 그리고 그 본질에서 나오는 인간의 행동에 대한 보다 폭넓은 개념화를 기반으로 한다. 오늘날의 논쟁에서 공동체주의자들은 자유주의를 인간성에 대해 원자적인 관점을 받아들이고 있는 것으로 간주한다. 공동체주의자들은 자유주의자들을 가리켜 개인이 사회 바깥에 존재한다고 간주하는 자들, 개인을 공동의 선이라는 개념과 대립되는 것으로 간주하는 자들로 묘사하는 데 익숙해져 있다.[2] 많은 자유주의자는 그 사실을 부인하지만, 개중 보수주의자에 속하는 사람들은 개인주의가 자유주의의 최고 전통이며 그것을 고수하는 것이 자신들의 임무라고 주장한다. 시장 자유의 이론은 바로 그러한 생각을 대변하는 것이며, 최근의 경제 위기와 IMF 덕분에 신흥 산업국가에서 길을 찾은 이른바 신자유주의라는 개념은 국가의 역할을 제한하고 개인 간의 경쟁을 촉진시켜, 경쟁적 시장 체계를 자리 잡게 만드는 것이다.

신자유주의에 대해서는 많은 비판이 가해지고 있다. 그것이 낡은 경제적 자유주의를 되살림으로써, 시장과 정치 영역에서 굴레를 벗은 개인주의가 판치게 되어 경제적 엘리트가 실질적인 권력자의 자리를 차지하게 할 뿐이라는 것이다. 신자유주의는 1980년대 레이건과 대처 정부 시절에 탄생된 개념으로 이 용어가 오늘날까지도 미국에서는 별로 쓰이지 않고 있다는 사실에 주목할 필요가 있다. 현행 정치적 담론에서 "자유"라는 단어가 루스벨트의 뉴딜 정책 이후, 보수적인 사고와 정책보다는 진보적인 사고와 정책과 관련되어 있었기 때문이다. 그런데 1980년대 미국에서 신자유주의는 레이거노믹스와 대처리즘이라는 이름으로 통용되었고, 최근에는 미국의 사회정책 프로그램들을 축소하려는 "공화당의 선거공약

2 Tom G. Palmer, "Myths of Individualism," *Canto*, September/October 1996, Vol. XVIII, no. 5. 팔머는 아미타이 에치오니Amitai Etzioni가 미국 사회학회에서 제안한 내용을 소개하고 있다(*American Sociological Review*, February 1996 참조). 자유주의자인 팔머는 저명한 공동체주의자인 찰스 테일러Charles Taylor와 마이클 샌델Michael Sandel도 인용하고 있다. 그들은 고전적 자유주의자들이 개인을 자족적인 존재로 간주하고 있다고 본다.

contrat républicain" 형태로 나타나고 있다. 그 명칭이야 어떻든 간에 경제적·정치적 신자유주의의 목표는 복지국가와 집단주의 개념 또는 "공동의 선"이라는 개념을 없애버리고 그 자리에 "개인의 의무"라는 개념을 내세우는 데 있다. 결국 많은 것을 누리고 있는 자가 그렇지 못한 자를 도와주거나 자비심을 베풀기를 기대할 수밖에 없게 되고, 가난한 자들은 모든 책임을 스스로 질 수밖에 없는 상황에 빠지게 되는 것이다.

지구의 자원이 지구상의 부유한 국가들을 계속 감당해낼 수 없다는 사실에 주목하고 인간의 권리, 시민의 권리에 대한 정의는 확장되기보다는 축소되어야 한다고 주장하는 정치 이론가들이 있다. 그들은 선진자본주의 국가의 신자유주의가, 그것을 채택한 국가들이 큰 성장과 번영을 이룩할 수 있게 만든 주체라고 말한다. 그런데 그런 국가의 특권 계층들은 전 세계에서 주목할 만한 성공을 거둔 반면에, 가난한 이들은 그러한 성장과 번영의 혜택을 받지 못하고 있다. 그 국가들은 국가 개입을 통한 사회복지 확장의 길로는 눈을 돌리지 않음으로써 미국의 뒤를 따르는 셈이다. 하지만 그런 식의 성공은 제3세계가 걸어야 할 숙명의 길이 아니다. 겉으로는 성공의 모습을 뽐내고 있지만 그만큼 가난한 이의 숫자가 늘어나고 있기 때문이다.[3] 이미 발전을 이룩한 나라에서의 지구 자원 보존 능력에는 한계가 있다는 점은 차치하고라도, 신자유주의는 발전 이론으로서 심각한 한계점을 드러낸다. 적절한 사회 보장 체제가 존재하지 않는 제3세계는 시민들에게 자족적이고 자립적인 존재가 될 수 있는 기회를 제공할 수 없다. 그런 상황에서 의료, 주거, 교육의 혜택을 받지 못하는 사람들을 위한 국가의 개입이 없이는, 사회의 근대화라는 것은 공염불이 될 뿐이다.

현재 전 세계에 널리 퍼져 발전을 위한, 말 그대로 새롭고 자유로운 이데올로기 대접을 받고 있는 신자유주의가 개발도상국에서 벌어지고 있는 이 모든 사태에 책임이 있다면, 1980년대에 다시 전투적으로 팔을 걷고 나선 공동체주의가 개발도상국을 위한 대안이 될 수 있을 것인가? 그런 질문에 대해 우리가 진지한 공동체주의라고 부를 만한 사회주의 체제(오늘날의 공동체주의자들은 비록 개인주의적 행동을 억누르기 위한 도편추방제ostracism 같은 사회주의자들의 몇몇 실천 양식을 이용하고는 있지만 전혀 사회주의자들이 아니다)가 실제로 실패한 사실을 예로 들며 답할 수 있을 것이다. 과거 사회주의 국가들은 그 개념을 태어나게 한 장본인인 '굴레를 벗은 개인주의' 문제에 대한 답으로서뿐만 아니라 한정된 자원을 균등하

---

3 Frans J. Schuurman(ed.), *Beyond the Impasse: New Directions in Development Theory*, London: Zed Books, 1993, p. 11.

게 사용할 수 있게 해야 한다는, 그들이 그토록 애지중지하는 목표 달성 차원에서도 실패했다. 사회주의가 실패하면서 낸 요란한 소리는, 그보다 더 빈약할 수밖에 없는 그 어떤 사회주의도 신자유주의의 대안이 될 수 없다는 신호인지도 모른다. 자신들의 수요를 이미 오래전부터 충족시켜주지 못하던 농업 중심에서 벗어나려고 노력 중인 사회들은, 농업사회의 전통적인 가치나 생활양식에 어떤 식으로든 기대려고 해도 대안을 찾을 수 없을 것이 뻔하다. 공동체주의는 무책임한 경쟁 위주의 개인주의가 상실한 가치나 길을 찾는 데는 도움을 줄 수 있을지도 모른다. 하지만 신흥 산업국가들의 경우는 사정이 전혀 다르다. 개인주의나 기업 경영의 경험이 전무했던 그들에게, 과도한 개인주의를 교정하기 위해서 필요할지 모를 공동체주의를 대안으로 내세우는 것은 전혀 도움이 될 수 없다. 그러므로 그들에게는 신자유주의적 발전 모델에 대한 대안 마련이 시급하다.

신자유주의가 개인의 주도권과 자율성에 그토록 큰 중요성을 부여하고 있는 만큼, 산업화와 도시화로 인해 한 사회가 겪게 되는 문화적 격변의 양상과 그로 인해 수반되는 온갖 차원에서의 구조적 변화를 설명하는 데는 신자유주의가 유용할 수도 있다. 하지만 개발도상국에 이식된 신자유주의의 경우에는 사정이 전혀 다르다. 그 내부에 신자유주의와 맞서

싸울 만한 어떤 이데올로기도 갖추고 있지 않으므로, 신자유주의가 "태어난" 나라에서보다 훨씬 더 심하게 공동체 윤리를 뿌리째 뽑아내고 평가절하해버리는 잘못을 저지를 수 있는 것이다. 개인 간의 경쟁에 입각한 신자유주의적 입장은, 개인과 그 주변 세상을 연결시켜 생각하는 방식과 정면으로 맞선다. 한 개인이라는 주체를 오로지 소유욕과 경쟁심을 가진 존재로만 환원시키는 신자유주의 이론은 보편적인 유효성을 지니고 있지 않다.

지구상의 수많은 개발도상국은 이제 탈전통post-traditionnel의 상황에 놓여 있으며, 지구화의 혜택을 만끽하면서 자신들이 지구라는 무대에서 새 역할을 도모해야 한다는 것을 분명하게 알고 있다. 하지만 그들은 복지국가라는 뿌리를 지니고 있지도 않고, 고전적 자유주의 체제를 경험하지도 못했으며, 개혁자유주의의 배경과 비슷한 것을 지니고 있지도 않다. 그러한 국가들에서 신자유주의를 강행하는 것은 그들이 벗어나려고 했던 것보다 더 나쁜 상황으로 몰고 갈 것이 뻔하다. 소유에 입각한 개인주의 이데올로기가 사회적 불평등을 불가피한 것처럼 정당화해서, 부자와 가난한 자 간의 골을 더 깊게 만들 근거를 마련할 수 있기 때문이다. 그 사회 내에는 신자유주의와 시장의 자유를 이용하려는 자들이 있음은 물론이다. 다른 나라 사회에서 단편적으로 나타난 모습처럼 그들은 신자유주의 이데올로기에 재빨리 적응해 그 이데올로기로 획득한 권력을 누리게 될 것이다. 바로 그러한 맥락에서 아시아의 권위주의 체제는 자신들의 권위주의를 정당화하고 유지하기 위해 이른바 "아시아적 가치"라는 것을 하나의 도덕적 구실로 삼아 내세우게 된다. 하지만 선진국들은 신흥 시장경제를 그들의 과거 속에 가두어버리기보다는 더 나은 길을 제시할 수 있어야 한다.

최근의 위기 상황에서 개발도상국의 경제가 세계 시장에 제대로 진입할 수 있게 하기 위해서는 신흥 시장경제에 강요된 신자유주의적 주장과 실천보다는 개혁자유주의를 채택하는 것이 낫다. 그래야만 개발도상국들이 평등을 기반으로 하여 자신들이 갈망하는 것과 주어진 현실에 어느 정도 제대로 된 모습을 부여할 수 있기 때문이다. 물론 개혁자유주의가 탈사회주의 국가나 탈전통 국가에 만병통치약이 될 수는 없다. 하지만 개혁자유주의가 평등을 바탕으로 하면서 자본주의와 같은 자유주의에 기초한 가치를 동시에 받아들이고 있다는 점에서 충분히 검토해볼 가치는 있다. 신흥 경제 국가의 국민들은 자본주의의 종식을 원한다기보다는 거기에 참여하기를 바라고 있다. 하지만 그들은 자신이 "상품"이 되는 것을 원치 않는다. 노동의 권리가 사라지거나 보장되지 않을 때, 의료와 교육이 정당하게 보장받는 권리가 되지 못할 때 그들은 자본주의의 상품이 되어버린다.

신자유주의란, 1930년대 경제적 자유주의가 처했던 상황으로 되돌아가는 것과 다르지 않다. 1930년대를 이끌었던 경제적 자유주의는 자본주의뿐 아니라 대다수의 세계 자유 시민들을 실패로 이끌었던 이론이다. 그러나 200여 년 전 탄생 무렵부터 자유주의는 무엇보다 열린 사고 체계의 하나로 간주되었고 개혁자유주의는 바로 그 기본 원칙에 입각해 있다. 그 안에 내재된 개념은 인류 전체가 자유로워져야만 역사가 그 목적을 성취할 수 있다는 것이다. 그렇게 되기까지 자유주의는 스스로 끊임없는 개선의 길로 나아가야 하고 언제든지 "개혁자유주의"가 되어야 한다. 다시 말해 언제든지 검토와 변화의 과정, 즉 개혁의 길에 있어야 한다.

인간은 고립되어 있지도 않고 집단적이지도 않다는 것, 인간 존재는 그 두 가지 특성을 모두 지니고 있다는 것, 바로 그것이 개혁자유주의의 핵심 전제이다. 이런 존재론적인 정의를 토대로 개혁자유주의자들은, 한편으로는 개인의 주도권을 촉진함과 동시에 다른 한편으로는 공적인 힘의 중재를 통해 만인에게 기회가 주어져야 한다는 주장을 펼 수 있는 것이다. 듀이는 보수주의자들이 자유주의와 동일시한 경쟁적 개인주의로부터는 아무것도 취한 게 없었을 것이다. 그는 경쟁적 개인주의를 가리켜 1930년대의 사회적 환경에서는 이미 시대에 뒤떨어진 낡은 독트린이며 위험하다고까지 간주했다. 개인에 대한 낡은 개념 대신에 그는 철학에서부터 심리학에 이르는 다양한 여러 전문 분야에서 제기되고 있는 의견들을 받아들여 새로운 개념을 내세웠다.

듀이는 독립적이고 고립된 존재로서 자아의 초월성이라는 개념에 대해 회의적이었다. 인간이라는 것, 그것은 곧 합리적인 것을 의미한다는 사실은 의심할 바 없으며 듀이도 그렇게 주장했다. 하지만 합리성은 사회적 상호작용을 통해 나온다. 사실상 그 누군가의 개인성은 타인들과의 연관을 통해 존재할 수 있다. 그는 "자아는 연관과 상호 관계로부터 분리되어 독립적으로 존재할 수 있는 것이 아니다"[4]라고 말했다. 사회생활을 하면서 개인은 선택을 한다. 그는 의지의 산물이다. 그는 결코 집단 내의 단순한 그 무엇이 아니다. 달리 말해 그는 온전히 집단에 의해서만 만들어지지 않으며, 다양한 주제에 대해 일정 기간 소속된 집단과 완전히 똑같이 생각하고 느낄수 없다. 그러나 다른 한편으로 한 개인은, 심지어 유전적으로도 미리 형성되어 있지 않으며 사회 밖에서 자신의 자리를 차지하고 있지도 않다. 개인성은 그것이 어떤 식으로 천명되건

---

4   John Dewey, *Theory of the Moral Life*, Irvington, 1980, p. 163.

단순하게 사회 밖에 존재하고 있는 것이 아니다. 그리고 인간 사회가 발전함에 따라 그 사회 안에서 태어난 개인도 어떤 식으로든 발전한다. 개인의 지적 능력, 관찰력, 상상력, 판단력, 창의력 등은 사회와 함께 발전하는 것이다.[5] 한 개인이 지닌 자신만의 윤곽과 형태는 공동체와 상호작용한 결과이다.

듀이는 민주주의 제도와 연결된 삶을 사는 것이, 사회적인 동시에 단 하나뿐인 존재로서 개인 비전을 갖고, 그 사회에서 자신의 능력을 최대한 발휘할 수 있는 삶의 토대가 된다고 보았다. 그런데 그는 자신이 살던 시대의 자본주의는 민주주의에 참여하는 길을 가로막고 있으며, 자아에 대한 확신을 위해 중요하다고 간주한 민주적 행동들을 방해하고 있다고 보았다. 바로 그 때문에 그는 자신이 위대한 공동체라고 부른 사회에 합당한 민주주의를 추구하게 되고 자유주의를 재건립하려는 시도를 하게 된 것이다.[6]

평등의 권리라는 개념과 마찬가지로 개인적인 것과 사회적인 것의 변증법이 자유주의의 재건립 시도에도 작용한다. 그는 자유주의를 새롭게 정립하려고 시도하면서 자유주의의 이

---

5 John Dewey, *Democracy and Education*, New York: The Free Press, 1966, p. 297.

6 John Dewey, *The Public and its Problems*, Athens, Ohio: Swallow Press, 1954, pp. 145 이하.

상과 자본주의 사회의 역겨운 현실 사이의 간극을 메울 가능성이 있음을 분명하게 볼 수 있었다.[7] 또한 "재탄생하는 자유주의libéralisme renaissant"[8]라고 부른 것에서 그는 개인의 자유로운 발전이라는 의미에서의 공동체의 삶을 제도화할 수 있는 민주주의 개혁이 가능함을 볼 수 있었다. 이렇듯 듀이는 자신의 개혁적 자유주의에 대해 "개개인이 자기 능력을 실현하는 것이 바로 그들 삶의 법칙이 될 수 있도록 개인을 해방시킨다는, 지속적이면서 유연한 목표"[9]를 가진 자유주의로 보았다.

사람들은 타인들과 공동생활을 하며 살아간다. 현재도 그렇고 과거에도 그러했으며, 이러한 공동생활은 각자 개인으로서 사람들의 상호 관계에 영향을 미친다.[10] 개인들은 사회적 관계를 통해 보다 큰 공동체를 이루고 유지하기 위해 필요한 공동체적 경쟁력을 갖게 된다. 평화, 통합, 분열, 파괴, 창조성, 협동, 단체 결성 같은 개념적 범주들은 인간의 공존 양식들 중에서 비롯된 것들이며, 우리가 선이해pré-compréhension하

---

7 Robert B. Westbrook, *John Dewey and American Democracy*, Ithaca: Cornell University Press, 1991, p. 431.

8 John Dewey, *The Philosophy of John Dewey*, Chicago: The University of Chicago Press, 1981, p. 643.

9 같은 책, p. 644.

10 John Dewey, *The Public and its Problems*, p. 97.

는 의미의 토대를 이룬다. 이러한 선이해 덕분에 우리는 서로 상호주관적인 소통의 관계로 들어갈 수 있다. 물론 우리들 각자의 신념의 의미는 변화하며 살아가는 동안 상호작용을 통해 그 의미가 확장되기도 한다. 하지만 주변 사회현상들이나 사건들을 해석할 때면 우리는 언제나 그 선이해의 의미들을 이용한다. 이 범주들의 공통된 틀 안에서 단어들의 의미를 공유할 수 있게 되고, 차이가 나는 것들을 상상할 수 있게 되며 이해할 수 있게 된다. 그리고 모두가 평등한 큰 공동체의 주체들은 자신들의 잠재 능력을 발전시킬 수 있게 된다.

위대한 공동체 건립을 위해서 개혁자유주의자들은 개인의 주도권, 공민의 자유, 각 주체가 합리적인 판단을 할 수 있는 능력, 시민의 정치 참여와 같은 가치들을 활성화시키도록 힘써야 한다. 또한 사회 정치력을 강화시켜 개개인 모두에게 사회 자산을 평등하게 누릴 수 있는 기회를 보장해주어야 한다. 바로 이 지점에서 개혁자유주의는 공동체주의, 신자유주의와 결별한다. 둘 다 진정한 평등을 보장해서 시민 모두에게 동등한 기회를 줄 수 있도록 사회 정치력을 강화하는 데는 동의하지 않기 때문이다. 민주주의의 요체로서 위대한 공동체를 그렸던 듀이의 꿈과 개혁자유주의의 개념은, 경제적 자유주의와 경쟁적 개인주의의 타락으로 야기된 그 시대의 대공황에 대한 응답이었다. 듀이의 개혁자유주의와 위대한 공동체를 향한 비전은 사회관계라는 밀착된 구조 안에서의 평등과 다원성을 동시에 주장하고 있다. 즉 개인의 발전과 활성화를 보장하는 일뿐 아니라 사회생활의 풍요로움과 그에 대한 이해를 가능하게 해주는 일이 모두 중요하다는 것이다. 그 두 가지 모두(그중 특히 개혁자유주의가) 오늘날 제3세계가 직면하고 있는 딜레마에서 벗어나려면 어떤 길을 택해야 하는지 생존의 길을 제시해주고 있다. 복지국가라는 개념에 맞서 개인주의만 내세우는 신자유주의도, 동일한 공통의 전통을 지니고 있지 않은 사람들을 배제해버리는 배타적 공동체주의의 다양한 기준들도 제3세계 국가들이 지구라는 공동체에서 굳건한 역할을 맡아 수행할 수 있는 곳으로 향하게 할 수 없다.

민주주의라는 무대에 올라선 대부분의 제3세계 국가에는 토론의 전통이나 국가에 영향력을 행사할 만한 시민사회가 없다. 이 국가들은 변화에 저항하며, 민주적 변혁을 꾀하는 사람들을 탄압하는 사회 세력으로 가득 차 있다. 그 사회 세력은 자유, 평등, 인권과 같은 민주주의 이념들을 자신들의 기득권 장악을 위장하는 데 제멋대로 그럴듯하게 해석해서 써먹고 있다.

그렇다면 어떻게 해야 사회 변화가 실현될 수 있을까? 1960년대 개혁자유주의의 전략이 지표를 제공해줄 수 있다. 그 전략은 다음과 같다. 이유야 어찌되었건 일반 대중의 참여가 불가능하다면, 다양한 시민단체로 이루어진 정치 연대가 기존의 정치 과정에 근본적인 압력을 가해야 한다.[11] 그 첫출발은 신흥 중산층들과 지식인 집단, 즉 교사, 교수, 성직자, 작가, 예술가, 언론인 들이 연대하는 것이다. 탄압적 국가에서 이전에 그들이 했던 역할이 기본적인 자유와 권리에 관한 의식을 고취시켜줄 수 있다는 희망을 품게 해준다. 개혁자유주의에서 사회를 변화시킬 열쇠 역할을 할 수 있는 것은 언제나 교육이다. 변화의 주역으로 활약하고 있는 지식인들은 전문가들이나 협력자들에게 도움을 청할 수도 있는데, 그들은 세계 도처에서 만날 수 있다. 그중에는 물론 각종 NGO도 포함된다. NGO는 새로운 의미 창출을 목표로 공동체를 결성해 자체적으로 전문지식을 키워온 단체들로서, 자아가 연결됨과 동시에 분리되어 있다는 것을 자기 성찰하며 개념화했고, 그리하여 그 내부에서 실제로 대립과 대화가 동시에 가능해진 단체들을 말한다. 내가 말하고 있는 중산층이란 대중에게 최선이 무엇인가를 알려주는 엘리트 집단도 아니고, 스스로 그렇게 생각해서도 안 된다. 지식인들이 NGO를 필요로 하는 것은 자신들의 안전만을 위해서가 아니라, 지식의 한계 때문에 맹목적

11 Arnold Kaufman, *The Radical Liberal*, New York: Simon & Schuster, 1968, p. 72.

이 될 수 있는 위험을 피하고 자신들의 생각을 남에게 강요하게 되는 일을 막기 위해서이다. 인권에 관심이 있는 거의 모든 NGO의 회원이 다양하게 구성되어 있다는 사실은 이 분야에서 활동하고 있는 사람들에게 하나의 모델이 될 만하다.

발전이라는 개념은 원래 제3세계를 연구 대상으로 삼은 사회과학자들에 의해 쓰이기 시작한 이래 아주 다양한 의미를 함축하는 개념이 되었다. 하지만 대부분의 발전 이론가에게 발전이라는 개념이 경제 발전과 거의 동의어로 쓰이고 있는 것은 분명하다. 많은 이론가——물론 천연자원이 어느 정도의 성장을 감당할 수 있을 것인가 하는 문제에 몰두해 있는 사람들을 제외하고——들은 신자유주의가 제3세계에 최선은 아닐지라도 추천할 만하다는 견해를 지지해왔다. 신자유주의는 시장의 메커니즘에 대해 국가의 개입을 축소해야 한다고 공공연하게 말한다. 그래야 시장이 자기들이 내세우는 법칙이나 자유시장의 자연법칙에 따라 발전할 수 있다는 것이다. 그러고는 그 시스템이 바람직한 효과를 보았다며 극소수 선진자본주의 국가의 예를 든다. 하지만 그 이데올로기는 시민 문화가 태동기에 불과하고 권위주의적 정부 형태가 아직 남아 있는 나라들에서는 문제점만 가중시킬 뿐이다. 그러한 상황에서는 시민사회의 부재를 이용하는 세력에 맞설 수 있는 대항 세력을 키우는 게 더 신중한 태도이다. 대항 세력은 시민단체의 연대를 통해 형성될 수 있다. 따라서 개발도상국을 도우려는 사람들은, 그 국가가 민주주의 정치를 지향하도록 압력을 넣을 수 있는 새로운 시민단체에 신뢰와 지지를 보내야 한다. 그래야 그들이 발전에 따른 자원 고갈 문제에 등 돌리지 않으면서 사회 자산을 공평하게 분배하고, 인간으로서 시민의 권리를 촉진하는 길로 정치를 이끌 수 있기 때문이다.

개혁자유주의는 사회에 존재하는 정치 과정을 민주주의로 향하게 하면서 동시에 물질적 혜택을 가능한 한 널리 고르게 받을 수 있게 하려고 힘쓴다. 그리하여 그 국민들이 삶 속에서 지적이고 예술적인 열망들을 실현할 수 있게 해준다.[12] 그러나 개혁자유주의는 신자유주의만큼 개인주의에도 관심을 기울인다. 그러나 끊임없이 평등의 필요성을 강조하고 확언하면서 개인주의가 사회적 조건, 사람들이 처한 경제적 조건들과 조화를 이루는 문제에 보다 깊은 관심을 갖기를 강조하는 것이지, 경제적 경쟁터에 나와 있는 개인으로서의 권리라는 의미에서 개인주의에 관심을 기울이는 것은 아니다.[13]

이렇듯 개혁자유주의는, 신자유주의가 경쟁을 끊임없이 강

---

12 John K. Galbraith, *The New Industrial Society*, Boston: Houghton & Mifflin, 1968, p. 376.

13 Kenneth Dolbeare, *American Ideologies*, p. 88.

조함으로써 유발한 막중한 폐해를 줄이고, 부와 자원의 분배 문제를 사적인 차원에서 해결하는 부작용을 막을 수 있게 해준다.[14] 개인과 사회의 변증법적인 관점을 택함으로써 보다 포괄적이게 된 개혁자유주의는, 자유와 권리에 대한 가장 최선의 정의를 내림으로써 자본주의가 제기하고 있는 극적인 문제들을 보다 포괄적인 관점에서 해결할 수 있는 방향을 제시해준다. 우리가 직면한 문제들이 불가피한 것이었다 해도, 보다 열린 해결책을 찾으려는 노력이 존재한 지 이미 꽤 되었고, 다른 어떤 형태의 정부나 상호작용의 형식보다 그 폐해가 적으리라는 것은 확실하다.

개혁자유주의자의 관점에서 보면 인류의 역사는 결코 그 목표점 가까이 오지 않았으며, 아주 먼 미래에도 그런 날은 오지 않을지도 모른다. 지구촌 어디에선가 번성하고 있는 자본주의는 아직도 우리를 깊은 비관주의에 빠지게 만들고 그 비관주의는 정당화되기까지 한다. 하지만 그렇다고 해서 개혁자유주의가 인류에 대한 희망을 포기했다는 뜻은 아니다. 인류의 역사는 지금 이 순간까지 성공적인 진화를 이루어왔고 계속 그러할 것이다. 우리들이 가장 소중히 여기는 가치들에 내재해 있는 모순들이 여전히 우리들의 문제가 될 것이고 우

14 같은 책, p. 89.

리는 끊임없이 그 답을 찾으려고 노력하게 될 것이다. 왜냐하면 역사는 끝없는 도전이기 때문이다.

참고문헌

Alliance of Civilizations(2006), *Report of the High-Level Group*, 13 November 2006, New York: United Nations.

Avineri, Shlomo(1972), *Hegel's Theory of the Modern State*, Cambridge: Cambridge University Press.

Bell, Daniel(1978), *The Cultural Contradictions of Capitalism*, New York: Basic books.

Bullaro, Grace R.(2007), "Globalization and Its discontent: Or, What Happens When Two English Misses Meet the Ligurian Peasantry in Annie Hawes's Extra Virgin," *The Journal of Popular Culture*, Vol. 40, no. 2, 2007, London: Blackwell Publishing.

Campbell, Colin(1983), "Romanticism and the Consumer Ethic: Intimations of Weber-style Thesis," *Sociological Analysis*, Vol. 44, no. 4, Washington, D.C.

Cha, In-Suk(2012), *The Mundialization of Home in the Age of Globalization: Towards a Transcultural Ethics,* Munich: LIT Verlag.

Dewey, John(1954), *The Public and its Problems*, Athens, Ohio: Swallow Press.

──────(1966), *Democracy and Education*, New York: The Free Press.

──────(1980), *Theory of the Moral Life*, Irvington.

──────(1980), *Nationalizing Education*, in *John Dewey: The Middle Works*, Vol. 10: 1916~17, Jo Ann Boydston(ed.), Carbondale: Southern Illinois University Press.

──────(1981), *The Philosophy of John Dewey*, Chicago: University of Chicago Press.

Dolbeare, Kenneth(1971), *American Ideologies*, Chicago: Markham.

Droit, Roger-Pol(1995), *Philosophy and Democracy in the World*, Paris: UNESCO.

Fink, Eugen(1979), *Grundphänomene des menschlichen Daseins*, Freiburg: Alber.

Gadamer, Hans-Georg(1960), *Wahrheit und Methode*, Tübingen: Siebeck.

Galbraith, John K.(1968), *The New Industrial Society*, Boston: Houghton & Mifflin.

Hacker, Andrew(1961), *Political Theory*, New York: Macmillan Co.

Heidegger, Martin(1977), *Sein und Zeit*(1927), *Gesamtausgabe*, Band 2, F.-W. von Herrmann(ed.), Frankfurt: Klostermann.

Hegel, G. W. F.(1807), *Phänomenologie des Geistes*.

───────(1936), *Dokumente zu Hegels Entwicklung*, Hoff-meister(ed.), Stuttgart: Fromann.

Ihde, Don(1995), "Philosophy of Technology, 1975~1995," *Journal of Philosophy & Technology*, Vol. 1, no. 1/2(autumn 1995). Blacksburg, VA: Society for Philosophy and Technology.

Jordan, Tim(1999), *Cyberpower*, London: Routledge & Kegan Paul.

Kant, Immanuel(1784), *Ideen zu einer allgemeinen Gesechichte in weltbuergerlicher Absicht*.

───────(1995), *Political Writings*, Hans Reiss(ed.), Cambridge: Cambridge University Press.

Kaufman, Arnold(1968), *The Radical Liberal*, New York: Simon & Schuster.

Lenk, Hans(2008), *Global TechnoScience and Responsibility: Schemes Applied to Human Value, Technology, Creativity and Globalization*, Munich: LIT Verlag, "Philosophy in International Context, 3."

Marcuse, Herbert(1964), *One-Dimensional Man*, London: Routledge & Kegan Paul.

Nicholson, Carol J.(1999), "Three Views of Philosophy of Multiculturalism: Searle, Rorty and Taylor," *The Proceedings of the Twentieth World Congress of Philosophy*, Vol. 3: *Philosophy of Education*, En ligne, *Paideia Project*.

Nussbaum, Martha(1997), *Cultivating Humanity: A Classical Defense of Reform in Liberal Education*, Cambridge, MA: Harvard University Press.

Palmer, Tom G.(1996), "Myths of Individualism," *Canto*, September/ October 1996, Vol. XVIII, no. 5.

Ricœur, Paul(1986), *Lectures on Ideology and Utopia*, George Taylor(ed.), New York: Oxford University Press.

Sartre, Jean-Paul(1956), *Being and Nothingness: An Essay on Phänomenological Essay Ontology*[L'Être et le néant], Hazel Barnes(trans.), New York: Philosophical Library.

Schutz, Alfred(1964), *Collected Papers II*, La Haye: Nijhoff.

Schuurman, Frans J.(1993), *Beyond the Impasse: New Directions in Development Theory*, London: Zed Books.

Sen, Amartya(1999), "Democracy as a Universal Value," *Journal of Democracy*, Vol. 10, no. 3, Washington D.C.

Shakespeare, William(1610~11), *The Tempest*.

Tutu, Desmond(1999), *No Future Without Forgiveness*, New York: Doubleday.

UNESCO(2006), *Intersectoral Strategy on Philosophy*, Paris: UNESCO.

Vermeren, Patrice(2003), *La philosophie saisie par l'UNESCO*, Paris: UNESCO.

Wong, David(ed.)(autumn 2005), "Comparative Philosophy: Chinese and Western," *The Stanford Encyclopedia Philosophy*.

옮긴이의 말

어느 날 대학 은사이신 원윤수 선생님께서 프랑스어로 된 책을 한 권 건네주셨다. 원 선생님은 당신이 읽으신 후 재미있다고 판단되는 책을 자주 권하시곤 했다. 그런데 이번에는 권하는 강도가 아주 높았다. 앞으로 내가 글을 쓰고 사유를 하는 데 도움이 될 뿐 아니라 우리 사유의 지평을 넓히는 데도 큰 도움이 될 것이라는 말씀이었다. 그런데 프랑스어로 된 책의 저자가 한국의 대학교수, 바로 서울대 철학과에서 가르쳤던 차인석 교수였다. 사정을 알고 보니 원래 영어로 써서 나온 논문들을 프랑스에서 번역 출간한 것이었다.

나는 단숨에 책을 읽었다. 글로벌화된 세계에서 새로운 국제 윤리 정립의 문제, 다양한 문화들이 공존할 수 있는 새로운 가치 창출과 관련된 문제, 다양한 문화의 공존을 위한 상호주관성의 문제 등, 근래 내 사유의 한 갈래와 맥이 닿아 있었기에 호기심과 열정을 가지고 단숨에 읽을 수 있었다. 이 책을 읽으면서 얻은 가장 큰 소득 중 하나는 지구화 globalisation와 세계화mondialisation의 의미를 명확하게 파악할 수 있었다는 것이다. 저자는 글로벌 시대의 새로운 윤리의 가능성은, 주체성을 지닌 개개인의 사유, 가치관, 인식의 지평이 진정한 의미에서 세계화를 이룩하는 데 있다고 역설하고 있었다.

저자가 역설하는 세계화의 핵심에는 '민주주의'라는 용어가 자리 잡고 있다. 그리고 그 '민주주의'의 핵심에 자리 잡고 있는 것이 바로 '인권'이다. 하지만 저자는 민주주의와 인권이라는 기치를 드높이고 있는 것이 아니다. 대신 그는 민주주의와 인권의 의미를 근본부터 찬찬히 되묻고 있다. 또한 저자는 민주주의와 인권의 의미를 단순히 사유의 차원에서 되묻는 것이 아니라, 끊임없이 현실을 참조한다. 그래서 민주주의라는 이름을 하고 있는 현실정치도 민주주의의 이름으로 비판의 대상이 된다. 즉 그가 민주주의라는 이름으로 되묻고 있는 의미는 철학적이라기보다 경험적이고 현실적이다. 아니다. 그렇게 말하는 것은 옳지 않다. 이 책에서 그의 철학적 사유와 그가 몸담고 있는 현실은 끊임없이 대화를 한다. 이 책은 저자의 철학적 사유와 현실적 고민이 만난 결과물이다. 그 만남의 결과 철학적 사유는 수정되고 현실적 고민의 패러다임은 넓어지고 깊어진다.

내가 이 책을 번역하기로 마음먹게 된 것은 바로 그 때문이다. 구체적 경험, 현실과 만난 철학적 사유는 우리에게 얼마나 소중하며 낯선가? 또한 그 철학적 사유 덕분에 세계화의 진정한 의미를 묻는 모습은 우리에게 얼마나 귀한가? 세계화된 시선으로, 우리의 현실을 보다 깊고 넓게 볼 수 있는 지식인의 모습은 우리가 얼마나 갈망하는 것인가? 그 모습을 많은 사람에게 보여주고 싶었고 우리 인식의 지평을 세계화의 수준으로 끌어올리고 싶었다.

이 책을 한국어로 다시 써보시는 것이 어떻겠냐는 권유를 굳이 마다하는 저자였기에 내가 번역을 하게 되었다. 철학적 용어나 사회학적 용어에 관해서는 차 교수님이 도움을 주신 것은 물론이다. 당신이 직접 한국어로 쓸 수도 있었지만 과감하게 내게 번역의 기회를 주신 저자, 차 교수님께 깊이 감사드린다.

2015년 7월 3일

진형준

출전

• 아래에 실린 저자의 원어 논문명은 모두 생략했다.

지구화 시대, 그리고 생활 세계의 세계화
Diversité culturelle et valeurs transversales: Un dialogue Est-Ouest sur la dynamique entre le spirituel et le temporel, Paris: UNESCO, 2006, pp. 153~57.

다문화 세계에서의 통문화적 윤리
Diogène, no. 219, "Moments de la diversité culturelle," juillet-septembre 2007, Paris: PUF, pp. 3~15. (번역은 Thierry Loisel).

우리 집의 세계화──위대한 공동체 윤리를 향하여
Diogène, no. 209, "Approches de l'utopie," janvier-mars 2005, Paris: PUF, pp. 24~33.

근대성과 주체성—아시아의 다원적 정체성 의식

Diogène, no. 228, "Moments de la pensée philosophique à travers le monde," octobre-décembre 2009, Paris: PUF, pp. 5~26. (번역은 Jeanne Delbaere-Garant).

동아시아에서의 근대성 재정립

2012년 4월 10~11일, 마닐라(Ateneo de Manila University)에서 열린 아시아 기독교 철학협회의 연간 정기학술대회에서 발표한 글이다. (번역은 Nicole G. Albert).

개혁자유주의의 발전 전략

Diogène, no. 192, "Présence et permanence de la philosophie," hiver 2000, Paris: PUF, pp. 129~39. (번역은 Denis Trierweiler).